思维导图高效学习法

中小学生学科应用宝典

梅艳艳 著

世界思维导图锦标赛中国区组委会 组编

机械工业出版社
CHINA MACHINE PRESS

本书秉承思维导图发明人东尼·博赞教授的教学理念和世界思维导图锦标赛使用规则，为中小学生系统讲解了思维导图，是帮助中小学生在学科学习中应用思维导图提升学习能力的实用性书籍。一方面，本书从大脑的学习特点入手，介绍了思维导图的学习优势和基本特征；另一方面，本书系统地讲解了绘制思维导图的入门技巧，在学科学习领域应用思维导图的基本策略，以及在学习阶段、复习阶段、解题阶段如何应用思维导图提升学习效果的关键要点。书中还提供了学与练的实例讲解以及学习案例。

本书由世界思维导图锦标赛官方权威解读，是思维导图"百城千校"大型普及项目指定用书，相信能够让中小学生切实有效地掌握全球高校推崇的学习法则。

图书在版编目（CIP）数据

思维导图高效学习法 / 梅艳艳著；世界思维导图锦标赛中国区组委会组编． — 北京：机械工业出版社，2020.7
ISBN 978-7-111-65703-3

Ⅰ.①思… Ⅱ.①梅… ②世… Ⅲ.①中小学 - 学习方法 Ⅳ.① G632.46

中国版本图书馆CIP数据核字（2020）第090136号

机械工业出版社（北京市百万庄大街22号 邮政编码100037）
策划编辑：徐曙宁　　　责任编辑：徐曙宁　于化雨
责任校对：赵　燕　　　封面设计：吕凤英
责任印制：李　昂
北京瑞禾彩色印刷有限公司印刷

2020年9月第1版第1次印刷
165mm×225mm·16.5印张·199千字
标准书号：ISBN 978-7-111-65703-3
定价：69.80元

封底无防伪标均为盗版

电话服务	网络服务
客服电话：010-88361066	机 工 官 网：www.cmpbook.com
010-88379833	机 工 官 博：weibo.com/cmp1952
010-68326294	金 书 网：www.golden-book.com
	机工教育服务网：www.cmpedu.com

推荐序一

如何更高效地运用你的思维？如何将逆境变为优势？梅艳艳（Megan）成功地做到了。这本书的作者梅艳艳（世界思维导图锦标赛组委会执行主席）在中国全民防控新冠肺炎疫情期间完成了这本书的写作。这是一本全面介绍东尼·博赞思维导图教育技术与中国学科相结合的书。

谁是东尼·博赞（Tony Buzan）？他是一位具有国际影响力的伟大教育家，他的任务是给地球上的每个人都带来全新的思维改变，特别是小孩和学生。东尼·博赞将其称为"全球精神素养"，其中最有效的成果就是他发明的思维导图。

在这本书中，梅艳艳将向您介绍思维导图，以及如何创建和使用它们，使其发挥最大的作用。梅艳艳还介绍了思维导图的优点，包括：

- 提升学习力，增强思考力、创造力、记忆力
- 更强大的学习笔记方法
- 易于背诵重要的信息
- 创建你自己的五彩缤纷的艺术作品

思维导图高效学习法
Efficient Learning Method of Mind Map

- 更有效的学习
- 建立自信
- 战略和战术的概述
- 解决问题
- 建立考试思维

这本书的内容非常精彩，会吸引学生们更快乐地学习和创造。

梅艳艳也鼓励孩子、学生、老师参与到一年一度的世界思维导图锦标赛中，这是由思维导图发明人东尼·博赞亲自创办的全球赛事，至今已经快30个年头。

在中国，没有人能比梅艳艳更好地讲解思维导图和比赛。她是东尼·博赞最喜欢的学生，是一位公认的东尼·博赞授权讲师兼世界思维导图锦标赛首席裁判长。2019年第11届世界思维导图锦标赛在中国的首都北京举办，这是世界上众多优秀国家参与的重要教育主题赛事。

期待你的改变。

世界思维导图理事会主席
英国OBE勋章获得者
雷蒙德·基恩

推荐序二

在刚刚过去的 2019 年,我在武汉见到了梅艳艳(Megan),我们共同受邀参加世界记忆锦标赛,然而,她的名声早在见到她之前我就有所耳闻。

她在思维导图上的学术研究达到了最高的水平,获得了东尼·博赞(Tony Buzan)颁发的思维导图讲师执照(TBLI)。她在世界思维导图理事会有着非常高的认可度,被任命为 2019 年北京世界思维导图锦标赛的执行主席。我对思维导图锦标赛有很多的了解,因为 2016 年在新加坡举办的世界思维导图锦标赛就是由东尼·博赞和我举办的。

梅艳艳对思维导图知识的理解、掌握和运用是首屈一指的,她利用这些知识和能力,成功举办了世界思维导图锦标赛历史上迄今为止规模最大的一次赛事。不过,梅艳艳的成就还有另一面,我认为那就是——如何培养冠军,这个非常重要。

思维导图是世界上最重要的思维工具之一。任何人,无论说任何语言,都可以绘制思维导图。我花了很多年的时间和东尼·博赞讨论思维导图，他是我非常亲密的朋友。他教我使用思维导图，我们也共同探讨教育。我相信教育孩子们如何丰富他们的生活是最崇高的追求之一。当一个孩子学会了思维导图，他的生活将得到永久的改善。

过去几年，梅艳艳一直在中国的众多学校推广思维导图。她把思维导图与学科学习结合起来。2019年，她向50万学生推广思维导图，这是大力神般的壮举。与此同时，她还非常成功地组织了2019年世界思维导图锦标赛。通过做这些事情，她把中国推上了智能教学的世界舞台。中央电视台翔实报道了这次锦标赛，并对赛事做了专题报道。

梅艳艳真的是国宝一般的人物，我们给她最好的祝愿。

国际智力思维刊物《脑细胞（*Synapsia*）》主编

查尔斯·达尔文大学教授

马列克·卡斯帕斯基王子

前　言

"学习"对于很多人来说，是一件沉闷、无趣、被动的事情，这已经成为古今中外的一个共识。中国自古就有"学海无涯苦作舟"的励言，而英语"study"一词也是由拉丁语的"tundere"（打击）和"studium"（努力）演化而来。由此可见，学习这件事不受地域文化、教育水平抑或遗传基因的影响，从始至终都是一场苦旅，而学习者要想达到轻松学习的境界则更是一个近乎遥不可及的神话。相比以往，如今信息和知识的快速增长速度超过了人类历史上的任何一个时期，"知识爆炸"使得当前教育更加无法面面俱到。诺贝尔奖获得者赫伯特·西蒙（Herbert Simon）曾指出，"知识"（knowing）的意义已从"能够记忆和复述信息"转向"能够发现和使用信息"。由此可见，教育的目的应该是不断帮助学生去掌握必需的认知工具和学习策略，使他们习得如何能够富有成效地思考和解决问题，这对于学生而言才是事半功倍且更有价值的学习意义，而且也更有助于造就他们成为自我维持的终身学习者。

在我师从思维导图发明人博赞教授学习的时间里，他的一些思想观念让我备受启发，"神话都为人所创造，也必将成为精神世界的动力和源泉"。为了改变低效枯燥的学习方式，博赞教授在潜心研究心理学、神经生理学及脑科学的基础上发明了思维导图。历经半个世纪的实践证明，这种新型的学习方式能够极大地促进高效能的学习产出。尤其使人振奋的是，在不断地求教交流和思想碰撞中，我对思维导图在当前教育模式下的应用价值有了更深程度的发掘和拓展。作为一种新兴的学习理论和教育模式，思维导图不仅能够提供更有实效的课程设计方法、教学方法和评价方法，最为宝贵的是，它更有利于激发学习者的综合思维能力和自主学习能力，形成掌握包括数学、科学、文学、社会研究和历史等各学科知识原理和本质的能力，这将突破长久以来传统教育只侧重选拔人才而非培养人才的观念束缚，使更多的学习者可以从只能获得文化技能和应试技能的片面的教育模式中脱颖而出。

多年以来，本人在国内小学到大学各层级的重点学校内，通过开展师生培训和调研，获得了关于思维导图引导学习思维转变、学习方式优化、学习能力提升的丰富经验。针对中国教育现状和学生特点，我在2018年国际脑力峰会期间，首度提出思维导图"百城千校"推广倡议，获得了博赞先生和世界思维导图理事会的赞许和认可。并于2019年受邀参加思维导图国际交流，同时以首位代表中国的国际裁判身份，执裁世界思维导图锦标赛英国国家赛。同年，经世界思维导图理事会委任，组办世界思维导图锦标赛全球总决赛，并同雷蒙德·基恩先生于北京人民大学正式启动思维导图"百城千校"项目，旨在让更多青少年改变学习习惯、优化思考方式、提升学习质量与效果，从而达成轻松学习。

在业内前辈和朋友们的鼓励下,为了自勉撰写此书,一来想把以往的心得借此固化下来,更主要的是想以书为媒,把一些感悟分享给大家,以期批评指正。尤其是书中特别收录了一些优秀教师提供的学习案例,可供大家以自主学习者和教学者的不同角度去感受思维导图的妙用。

梅艳艳

目　录

推荐序一

推荐序二

前　言

第一章
思维导图实现你的天才梦

既没有天生的"天才",更没有注定的"笨蛋"。所有的天赋异禀,不过是经过刻苦的学习和反复的用功习得的;而所有的落后,也必定是某一阶段的懒惰和懈怠导致的。

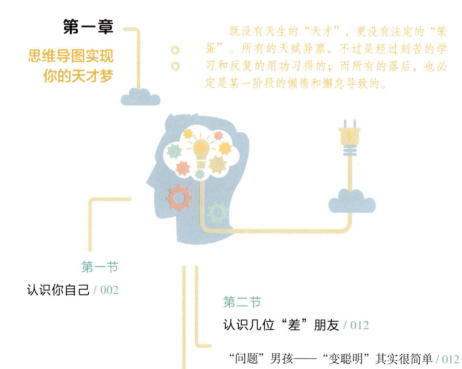

第一节
认识你自己 / 002

第二节
认识几位"差"朋友 / 012
"问题"男孩——"变聪明"其实很简单 / 012
最低 IQ——找回"迷路"的智商 / 015
痴呆症斗争者——永不屈服的勇士 / 017

第三节
你比想象中更优秀 / 019

第二章
思维导图撑起学霸天空

学习并非大家想象的那样苦楚，虽然成功没有捷径，但一定有事半功倍的方法。思维导图就是这样的方法，只要能应用好，并以此改善你的学习思维和学习策略，轻松学习、逆袭学霸绝非"白日梦"，成为"天才"的目标也将触手可及。

第三节
思维导图的基本特征 / 041

思维导图的主要特点 / 041
思维导图的思考模式 / 042
思维导图的理论基础 / 046

第一节
大脑的学习方式 / 024

大脑的思考模式 / 025
大脑的用进废退 / 028
大脑的巨大潜能 / 031
大脑的讨好者 / 032

第四节
破解认识误区 / 048

心理误区：绘画零基础是天然缺陷 / 049
技巧误区：画好思维导图很难 / 050
观念误区："拿来主义"省心省力 / 051
评判误区：使用思维导图浪费时间 / 052
是非误区：所有可视化图示都是思维导图 / 053

第二节
思维导图的学习优势 / 034

应用原理：向大脑看齐 / 034
学习效能：让优势聚合 / 037

第五节
精英的国际舞台 / 057

拥抱你的"国际天才团队" / 057
倾听全世界的喝彩 / 058

第三章
开启绘图的入门密钥:"2345"

一幅真正的思维导图,是由非线性的自然流动、丰富色彩的视觉冲击、形式多样的图像展现等必不可缺的要素综合构成的。它不仅是思维的语言,更是独特的艺术表现,而其强大的要义也非仅在高效学习上的作用,最为重要的是它具有开启大脑潜能的巨大力量。

第一节 2项绘制工具 / 062
- 白纸 / 062
- 彩笔 / 063

第二节 3大结构主件 / 068
- 中心图 / 068
- 主干 / 069
- 支干 / 070

第三节 4个核心要素 / 071
- 颜色 / 071
- 图像 / 072
- 线条 / 072
- 关键词 / 073

第四节 5类必修秘技 / 074

让色彩绽放情感 / 074
- 一、冷暖色 / 074
- 二、对比色 / 075
- 三、思维导图色彩运用规则 / 076

让图像放飞想象 / 078
- 一、象形图 / 078
- 二、意象图 / 084

让线条展现灵动 / 091
- 一、线条的区分 / 092
- 二、线条的画法 / 095
- 三、线条的呈现 / 096

让关键词破解迷局 / 99
- 一、锁定关键词身份 / 99
- 二、确定关键词原则 / 101
- 三、提炼关键词技巧 / 106

让感官触动心灵 / 112

目录 contents

第四章
学习应用的精要字诀："透、构、理"

美国罗耀拉大学的安东尼·J·门托与霍普金斯大学的帕特里克·马蒂内利教授曾称赞："思维导图是一项提高创造力和生产力的技巧，它能提高个人和组织的学习效率。它是用文字抓住灵感和洞察力的一套革命性方法。"

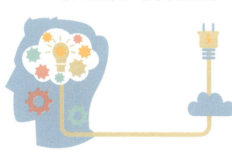

第一节
思维导图学习应用的策略 / 116

"捏柿子"：从最简单的入手 / 117
"吃甘蔗"：透彻理解知识点 / 118
"摘葡萄"：系统构建知识体系 / 119
"换时间"：先做最重要的事 / 120

第二节
学习阶段"透"字诀 / 122

语文：诗词记忆 / 122
数学：定理推导 / 128
英语：课文学习 / 130

第三节
复习阶段"构"字诀 / 133

构建知识模块 / 135
一、单词模块记忆 / 135
二、句子模块记忆 / 137

构建知识体系 / 138
一、整理基本结构框架 / 139
二、细化添加知识要点 / 140

第四节
解题阶段"理"字诀 / 143

作文写作应用 / 144
英文阅读应用 / 150
数学应用题解答 / 154

第五章
思维导图学与练

所有人都以为"杰出"源于"天赋","天才"却说:我的成就源于"正确的练习"。美国著名心理学家安德斯·埃利克森提出,不论在什么行业或领域,提高技能与能力的最有效的方法都要遵循"刻意练习"的原则。受训者通过一系列不会做但可以学习掌握的小任务,并按顺序完成,这是有效步骤的关键,所有专家级的水平都是这样逐渐练出来的。

第一节
基础起步 / 160

提取关键词练习 / 160
 一、句子练习 / 160
 二、段落练习 / 163

思维导图古诗词练习 / 164
思维导图阅读练习 / 171

第二节
进阶提升 / 177

提取关键词练习 / 177
 一、句子练习 / 177
 二、段落练习 / 179

思维导图阅读练习 / 181

第三节
学习案例 / 186

思维导图解几何应用题 / 186
思维导图解语文阅读题 / 203
思维导图快乐学地理 / 210

目 录
contents

附 录
优秀作品赏析

附录 A
中小学学科复习思维导图 / 217

一、小学语文 / 217
二、小学数学 / 222
三、小学英语 / 225
四、初中语文 / 226
五、初中数学 / 229
六、初中几何 / 229
七、初中物理 / 230
八、初中英语 / 231
九、初中生物 / 233
十、初中地理 / 235
十一、初中科学 / 236
十二、初中历史 / 237

附录 B
专题思维导图 / 238

附录 C
世界思维导图锦标赛优秀作品 / 241

后　　记 / 245
参考文献 / 247

XV

第一章

思维导图实现你的天才梦

⚙ 既没有天生的"天才",更没有注定的"笨蛋"。所有的天赋异禀,不过是经过刻苦的学习和反复的用功习得的;而所有的落后,也必定是某一阶段的懒惰和懈怠导致的。

第一节
认识你自己

在希腊的帕尔纳索斯山,有一座驰名世界的神庙——德尔菲神庙。传说这里是"太阳神"阿波罗杀死巨蟒"皮同"之后,亲自为自己修建的,后来成了诸神向凡人传达神谕的圣地。传世的德尔斐神谕大约有 600 条,在当时都被视为神的声音,而它给我们留下的最重要的遗产,当属刻在德尔菲神庙入口处,由传说中的"七贤"一起写下的箴言:$\gamma\nu\omega\theta\iota\ \sigma\varepsilon\alpha\upsilon\tau\acute{o}\nu$(认识你自己)。"认识你自己"又被后来伟大的哲学家苏格拉底作为自我哲学原则的宣言。从神谕启示到哲学思想,似乎都在传达着一个重要的信息——你并不真正地认识自己。现实果真如此吗?让我们做个游戏。

请列出你自己的"十大劣势"和"十大优势"(图 1-1):

如果你没被打扰,相信用不了几分钟就能在图 1-1 中把"十大劣势"梳理完了。而"十大优势"可能就像挤快要用完的牙膏一样,半天也"挤"不出几个,要凑出"十大优势"太不容易了。

为何会如此困难?很大一部分原因是我们对"优势"的误解。什么才是"优势"?一定是"第一名"才算优势吗?可能我们刚想到自己擅长的一项,脑海里会立刻浮现更厉害的朋友、同学,或是从小到大父母嘴里那个"别人家的孩子",于是立刻觉得这个其实并不是自己的什么优势,根本不值一提。如果真的如此,全世界应该没有多少人是有"优势"的。相比之下,自己的"劣势"反而更加突出了。似乎所有人都能找出一项强于你自己,而自己却没有一项比任何人都优秀。

图1-1 认识自己的优劣势

如果你对自己的"优势"是这样的理解,那么我们可以得出结论——你确实不"认识"自己,或者说你只是更熟悉那个"不优秀"的自己。

为什么会有这种现象?这是因为"固定型思维"在作祟。一直以来,许多人持守着一种观念,即智慧和能力是与生俱来的天性——它们是无法改变的。你一定听到有人说过"我不善于学习"或"我不是学数学的料",甚至连你自己也说过类似的话。所以,当不尽人意的情况出现时,他们认为明智的决定是"放弃",应该把时间和精力放在那些"天生"擅长的领域中,这样更容易展露才华,同时还可以帮助我们掩饰"劣势"。但结果是,每一次的遮掩和逃避,其实都在内心深处将不愿面对的"劣势"用记号笔又重重地重涂了一遍，反而令它们更突出、更深刻。

下面列出了一些观点，请在你同意的所有观点后面打钩。

1. 有些事情我永远都做不好。（　　）
2. 当我犯错误时，我会试着从错误中学习。（　　）
3. 当其他人做得比我好时，我会觉得受到了威胁。（　　）
4. 我喜欢走出自己的舒适区。（　　）
5. 当我向别人展现我的聪明或才能时，我很有成就感。（　　）
6. 我会因他人的成功受到启发。（　　）
7. 当我能做到别人做不到的事情时，我会感觉很好。（　　）
8. 我的才智是有可能改变的。（　　）
9. 我不必试图去变聪明——我本就聪明或我并不聪明。（　　）
10. 我喜欢接受我不熟悉的新的挑战或任务。（　　）

在上述的这些问题中，序号为单数（1、3、5、7、9）的观点是固定型思维的表现，而序号为双数（2、4、6、8、10）的观点是成长型思维的表现。二者的区别在哪里呢？

固定型思维的人往往认为智慧及其他素质、能力与才华是固定特征，不可能发生显著的改变。

成长型思维的人往往认为智慧及其他素质、能力与才华是可以通过努力、学习与专心致志培养出来的。

同时，两种思维方式对待各种情况的反应也大有不同，见表1-1。

表 1-1 两种思维方式对待各种情况的反应区别

情况	固定型思维	成长型思维
对待挑战	避免挑战，以维持聪明的形象。	由于渴望学习而去迎接挑战。
对待障碍	遇到障碍与挫折时，通常的反应是放弃。	遇到障碍与挫折时，通常的反应是展现出百折不挠的精神。
对待努力	尝试与付出努力被视为否定性的行为；如果你必须尝试，说明你不够聪明或不够有才华。	艰苦奋斗，用努力为成功与成就铺平道路。
对待批评	否定性的反馈，无论多么有建设性，都会被忽略。	批评提供了重要的反馈，能够对学习有所帮助。
对待其他人的成功	其他人的成功被视作威胁，会引发不安全感或脆弱感。	其他人的成功可能是灵感与教育的源泉。

采用成长型思维的人在面对挫折或障碍时，具有更强的恢复性，他们品味的是学习过程，而非最终成就。当失败降临时，他们会把失败视作一次学习的机会，这将对再次尝试大有裨益。而当失败不可避免地降临在采用固定型思维的人身上，他们远未做好应对失败的准备，因为在他们的大脑中，失败代表着他们个人的能力不足，而不是需要克服的挑战或需要通过的障碍。

采用什么样的思维，也许看似一件小事，但事实上，它影响着我们生活的各个方面。无论是树立自信，还是面对生活，从对待学习，到对待父母，到人生规划，思维模式直接影响着我们看待这个世界的视角。

举个更简单的例子。两只小狼来到了一片广袤空旷的草原，一只狼垂头丧气地说："这么大的草原，竟连一只羊也没有，我们肯定要被饿死了。"而另一只狼却开心地说："你看，这么肥沃的草原，只要我们耐心等待，一定会有羊群到来。"

不同的思维决定不同的心态，最终还会决定不同的命运。这两只小狼同样住在你的心里：一只消极、怯弱、悲观又懒惰，另一只它积极、向上、乐观且敢于尝试。它们两个天天在你体内不安分地打架，至于哪一只会赢，应该是你想养大的那一只！

下面，让我们继续完成刚才的游戏。这次让我们用"思维导图"帮助拓展一下思路。

先看看自己的优势。首先要做的，就是赞美自己。如果你的思路还是有些模糊，可以先从下面三个问题入手：

- 你人生中有哪些特别的经历？
- 你收到最多的赞美是什么？
- 你自认为比较强的能力是什么？

（1）特别的经历：比如，代表班级参加文艺会演、歌咏比赛并取得过名次，虽然这些是团体的荣誉，但里面有你付出的一份努力；参加学校的运动会，参加学校书法、美术、作文比赛等，无论成绩如何，勇于参加就已经走在了其他人的前面；跟爸爸去过博物馆，认识好多昆虫和恐龙；跟妈妈去过游乐场，能清楚记得感兴趣项目的票价和位置，看来自己的记性并不差；喜欢美食，能清楚记得上次为了吃自助餐而准备的攻略……

（2）收到最多的赞美：善良、有爱心、有礼貌、懂事、朴实、诚恳、努力……

（3）比较强的能力：这个过程不用考虑"能力"的程度，并非要超过99%的人才算有能力，哪怕只强过一个人也是可以的。比如，比班长唱歌好，比学习委员画画好，会轮滑、弹琴、跳舞，甚至比班主任的想象力还丰富……

让我们用思维导图的形式来呈现，如图1-2。

第一章
思维导图实现你的天才梦

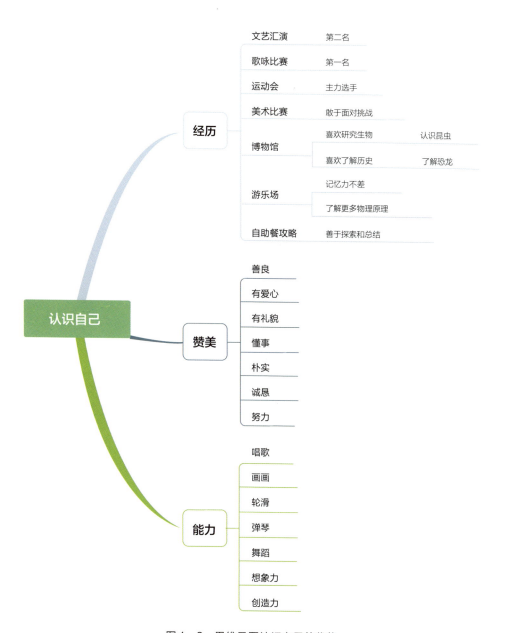

图1-2　思维导图认识自己的优势

再看看自己的劣势。这次换个思路，抱持积极的心态重新梳理一下。比如：

（1）我的阅读速度太慢。→

制定阅读计划，一次读透一本书，这要比读了许多书但没有收获强。

（2）我不擅长写作。→

我还没有找到规律，只要发现了规律，写作一定不会难倒我。

（3）我表达能力弱。→

我应该去找一本自己喜欢的书，记住里面所有优美的词汇和句子。

（4）我的精力不集中，总是开小差。→

我有比别人更丰富的想象力，这是创造力的源泉，我要学会利用好它。把每次的胡思乱想记录下来，以后一定是好的写作素材。

（5）我永远都不会像同桌一样擅长数学。→

我应该放下面子，让她教我更好地学习数学。

（6）我的成绩永远都靠后。→

我会比其他人有更大的提升空间，收获更多的惊喜，坚信自己一定会进步。

(7) 我永远搞不定学习。→

读懂这本书，学会里面的方法，会让学习更轻松，而且事半功倍。

(8) 老师没有那么喜欢我。→

我要改变自己，哪怕每天都只有一点的进步，老师也会对我刮目相看。

(9) 我不喜欢学校。→

我要试着去关注学校好的地方和学习我好朋友的优点，并看看自己怎么能使我的校园生活变得更好。

(10) 我有拖延症，事情永远都做不完。→

从现在马上开始，好好学完这本书，每天定一个学习小目标，画一幅简单的思维导图来整理当天学习的知识点，一个月后，我一定能大有改变。

下面，我们在思维导图上补充一下劣势的内容，就会得到一个完整的自我认识，如图 1-3。

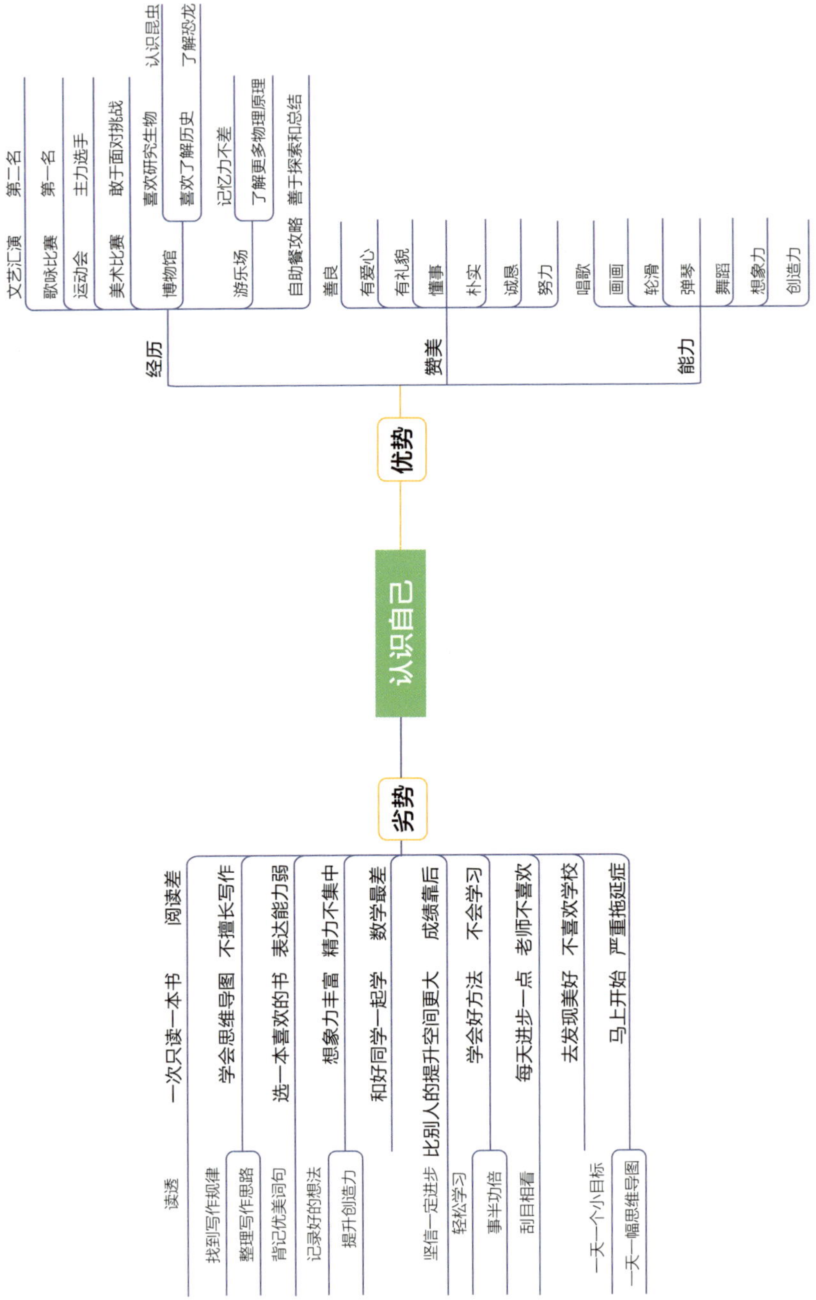

思维导图高效学习法
Efficient Learning Method of Mind Map

认识自己

优势

经历
- 文艺汇演
- 歌咏比赛：第二名
- 运动会：第一名
- 美术比赛：主力选手
- 博物馆：敢于面对面挑战
  - 认识昆虫
  - 了解恐龙
- 游乐场：喜欢了解历史
- 自助餐攻略：喜欢研究生物
  - 记忆力不差
  - 了解更多物理原理
  - 善于探索和总结

赞美
- 善良
- 有爱心
- 有礼貌
- 懂事
- 朴实
- 诚恳
- 努力

能力
- 唱歌
- 画画
- 轮滑
- 弹琴
- 舞蹈
- 想象力
- 创造力

劣势

- 读透
  - 一次只读一本书：阅读差
- 找到写作规律
- 学会思维导图
- 整理写作思路：不擅长写作
- 背记优美词句
- 选一本喜欢的书：表达能力弱
- 记录好的想法
- 提升创造力：想象力丰富
- 和好同学一起学：精力不集中
- 坚信一定进步
- 比别人的提升空间更大：数学最差
- 轻松学习
- 学会好方法：成绩靠后
- 事半功倍
- 每天进步一点：不会学习
- 刮目相看
- 去发现美好：老师不喜欢
- 一天一个小目标：不喜欢学校
- 一天一幅思维导图：马上开始 严重拖延症

图1-3 思维导图认识自己

怎么样，这样一梳理，你是不是发现原来自己的优势很强劲，而劣势也不那么可怕了？如果你还在疑虑自己的音乐、画画、体育这些优点到底算不算优势，或者认为这些优点对你的成长没什么用，那你又犯了一个认知上的错误。我们真正的智能体现并不仅仅是"好成绩"，它是多元智能的综合体现。如果你现在已经在绘画、音乐、运动等方面表现出了浓厚的兴趣，并且你又知道了如何"认识自己"，那么你已经比其他人具备了更强大的智能，只是你自己并不知道。

其实，让这一切成为现实并不像你以往想象的那样困难，只需要做好三件事：准备好你的大脑、掌握思维导图这个神奇的学习方法、改变你的学习思维。就是如此简单。你也大可不必担心改变的过程会很漫长，因为你至少比我下面要介绍的这几位朋友更聪明。

第二节
认识几位"差"朋友

——

失败的人最大的"劣势"是看不见自己的"优势",而成功的人最大的"优势"则是能找出自己的"劣势",并把它变成自己的"优势"。任何一个天才都不会像雅典娜一样,从宙斯的脑颅里一跳出来就无所不能,他们也是在渐进的过程中,通过激发潜能一点点培养出来的。

"问题"男孩 ——"变聪明"其实很简单

从 5 岁上学之始,杰拉米·摩尔(Jeremy Moore)就非常讨厌学校,而学校似乎也不怎么喜欢他,因为他是一个"有问题"的孩子。上课的时候,杰拉米根本没有办法集中精力去听任何一位老师的讲课,因此,他的大部分学业是在"逃学"和"白日梦"中度过的。

10 岁时,为了改变现状,杰拉米转学到比肯斯菲尔德镇的迪文尼斯学校。可他并未因此"脱离苦海",虽然父亲也请了各种私人家教帮助他跟上学业，可最终杰拉米竟然连"11＋"考试㊀都没有通过，这时的他已经13岁了。实际上，杰拉米还是很喜欢迪文尼斯学校的，因为这里有他喜爱的运动，虽然他并不捣蛋，但是他依然会做白日梦。杰拉米确认自己"有问题"。

为了继续学业，父亲尝试让杰拉米去他曾经就读过的巴钠德城堡学校，一所位于英格兰北部的私立学校，可幸运之神并没有因为父亲的原因网开一面，如你所料，杰拉米没有通过入学考试。最后，他去了多赛特郡的克雷斯默寄宿学校。令人沮丧的是，虽然杰拉米很努力，可在第一次升学的资格考试中，他竟然没有一门课程及格。一个学期后杰拉米重新参加了考试，结果却也只拿到4个C，这意味着已满17岁的杰拉米，失去了进入"第6学级"㊀的资格，所以他必须离开学校。

而后，杰拉米成了一家刀具公司的计算机操作员。在那段时光里，他屡屡感到恐慌，感到生命在毫无价值地流逝，他终日碌碌无为，甚至连一本书都没读过。在强烈的不安与不甘之后，杰拉米下定决心要重返校园。

纽兰帕克学院对于重燃希望的杰拉米来说是再好不过的选择，因为只要年满21周岁、有三年的工作经验，就可以到学校进修商业课程并

㊀ "11＋"考试，指英国的小学生在六年级为升入英国公立文法中学（相当于国内的"重点中学"）或私立中学而参加的选拔考试，因为学生年龄是在10～11岁左右，所以称为"11＋"考试。

㊁ "第6学级"，相当于英国的大学预科或普通高中，学制通常为两年。英国实施11年的义务教育，其中5到11岁为小学阶段，11到16岁为中学阶段，义务教育结束时，须参加国家规定的统一考试，即"中等教育普通证书（GCSE）"考试，相当于国内初中毕业考试。

考取高等教育文凭。就在这里，发生了改变他一生的"奇迹"。

入学的第二个星期，巴斯蒂克博士兴致勃勃地向学生们介绍了一种被他称作"博赞图解"的学习方法。杰拉米跟着他的演示——从中心的主题、周围的关键词，到连接的线条——一直看得目不转睛、听得专心致志，最后他惊讶地发现，复杂的知识在眼前这张"博赞图解"的描述下，竟然变得如此简单！那就意味着即便是如他这样一个"愚笨"的人，也能轻易地学会图上的全部内容。而最令杰拉米诧异不已的是，自小到大一直与自己形影不离的"白日梦"问题，在那一刻却不知所踪。他惊愕于这种学习方法不可思议的力量，更为自己发现"变聪明如此简单"的秘诀而激动不已。此后凭借这种学习方法，杰拉米以优异的成绩取得了高等教育文凭，随后他去了布里斯托大学攻读经济学和政治学联合荣誉学士学位，继而又去伦敦商学院攻读公司金融学硕士学位。1999年，又在亨利商学院攻读了MBA。

然而，杰拉米的幸运并非仅此而止。

那是让杰拉米庆幸终生的一天。他的挚友罗杰（一个见证了杰拉米从"缺乏教育的辍学生"突然转变成"充满无限学习动力的痴学者"全过程的好朋友）神秘地说："来参加马洛划船俱乐部的年度晚宴吧，有一个人你必须见一见！"晚宴上，当大家讨论的话题转到"学习和教育"时，巨大的热情在杰拉米体内像火山一样奔涌而出，抑制不住的激动让他迫不及待地向大家宣讲起"变聪明"的绝妙方法。他还用餐巾纸现场完成了一幅"博赞图解"给大家展示，并希望大家能够真切地体会到这是多么的非凡。

然而，在短暂的沉寂过后，坐在杰拉米旁边的人轻轻问道："难道你真的不知道我就是东尼·博赞？比起'博赞图解'，其实，我更喜欢叫它'Mind Map'（思维导图）。"天哪！这可能是杰拉米人生当中唯一一次感到"找个地缝儿钻进去"都不够的时刻。这次的尴尬让他有幸和博赞先生成了好友。更值得庆幸的是，博赞先生开始帮助杰拉米及他所在的俱乐部训练赛艇运动员。仅仅三个月，这支被公认为"废物"的赛艇队伍，在独特的"博赞学习法"和"超级正面思考法"的训练下，变成了奥运会决赛的第四名。特别是队伍中的扎克·波切斯（Zac Purchase），还分别在2008年北京奥运会和2012年伦敦奥运会上，获得了金牌和银牌！

最低 IQ —— 找回"迷路"的智商

当听到"芭芭拉"（Barbara）这个可爱的名字时，无论如何我都没有办法把它和一个"难以教育""问题很多"的女生联系到一起。而她的"标签"还不仅仅如此，最刺耳的应属"全校 IQ 最低"。

为了改变她在班里"一直垫底"的学习状况，博赞先生给予了她最大的帮助。

第一次的学习辅导让人感觉有些过于顺利，因为芭芭拉并非像想象的那样"难以教育"。在对学科课程讲授的过程中，芭芭拉很快地完成了理解和记忆，而且特别令人欣慰的是，测试结果显示她的表现"非常完美"。博赞先生坚信她已经开始发生了改变。

第二周，面对博赞先生充满期待的询问，芭芭拉无可奈何地回答："又是最后一名。""怎么可能？""不知道，"她说，"我确实又考了最后一名。"

　　老天爷似乎总喜欢开这样出乎意料又令人倍感失落的玩笑。"好吧，我们继续。"博赞先生带着芭芭拉开始了面对下一次考试的复习。像上回一样，芭芭拉还是能够很快地领悟，并且可以清楚记住复习的所有知识。这实在令人难以理解，博赞再一次坚信，她根本不像老师描述的那样笨，也根本不可能是一直以来成绩所显示的那样笨。

　　可是，尴尬再次降临。到了第三周，满怀的期待再次遭遇失望。问题到底出在哪儿呢？芭芭拉的智力似乎具有正反两面的双重表现，就像是一道耐人寻味的难解谜题。

　　博赞先生开始像侦探一样，探察"智力变化"的蛛丝马迹。真相慢慢浮出水面。"我小的时候经常搬家，所以我上过许多的学校。"原来，芭芭拉在小学阶段被各种学校教授了很多不同的阅读和学习方法，不幸的是，每种方法都因为转学半途而废，很快被下一种方法替代。像许多经历过环境转换的孩子一样，她的大脑"明智"地认为，学习这样的东西是在浪费时间，因为等不到你学完，就会发生改变。所以芭芭拉不会阅读，而且她也完全搞不懂标准字母表以及它们所构成的文字。既然这样，聪明的她索性编造出了自己的语言，于是她的作业和试卷上，能看到的只有满篇胡言乱语和奇怪的涂鸦。而她自己却能通过这些外人看来毫无意义的乱写乱画，创作出优美的文章和故事，并能流畅地记忆和复述。因为，那是她自己的语言！

　　原来，面前这个"全校智商最低"的孩子，其实是个真正的天才。

　　她的智力从未缺席过，只不过像是一个迷了路的孩子，没有找到正确的归途。

　　当博赞先生系统地教会芭芭拉一套完整的学习方法，并带着她重新认识英语后，她真正的智力才绽放了光彩。短短几个月，芭芭拉就成了班里的优等生。她还写了一篇足足 25 页的关于牙齿健康的报告，这是她一直有着浓厚兴趣的话题，以至于后来她考进了一所优秀的牙科保健大学。当学校再一次进行 IQ 测试的时候，她的得分竟高达 160 分，这成了学校历史上的最高成绩。

痴呆症斗争者 —— 永不屈服的勇士

2010 年，美国心理学家乔治·胡巴（George Hoopa）博士患上了无法治愈的神经退行性疾病和痴呆症。逐渐丧失功能的大脑和脊髓细胞神经元使他知道，自己剩下的时间不多了。然而，他并不打算放弃。相反，他利用自己的专业学识开始寻找延缓认知能力下降的方法。

乔治很快发现，思维导图能够帮助他在对抗痴呆症的战斗中占据优势，他可以使用思维导图摆脱复杂的句子结构和死记硬背，用它来理顺日常的生活，并为未来做出决定和规划。而且思维导图还像是一个海量信息的储存仓库，促使他记住那些舍不得忘怀的美好。后来，乔治将这一段日子称为"我的生活是一项正在进行的认知和医学实验"。之后，他又写了一本书，名为《思维导图、认知障碍和痴呆症》，同时他也成了使用思维导图应对认知衰退影响的先驱。

另一位有着相似经历的朋友是凯特·斯瓦弗（Kate Swoff），当 49 岁的她被诊断出患有痴呆症时，医生建议她"充分利用好所剩的时光"。

凯特果然没有辜负这些不寻常的时光。不到十年，凯特竟然难以置信地获得了两个本科学位和一个硕士学位，并且攻读了博士学位。对于这位非药物干预的倡导者，思维导图就是她的良药和最好的武器，她在博客中写道："当思维导图把事情呈现出来的时候，它提供了另一种方法，让我可以找到自己的路。"

今天，凯特已然成为出版了许多作品的诗人、作家，也成了全世界数百万痴呆症患者的代言人。2017年，她荣获南澳大利亚州的"年度澳大利亚人"，她出色的宣传活动陆续将她带到世界各地。

乔治和凯特用自己的经历告诉我们，思维导图可以帮助更多像他们一样勇敢的人，即便是面对痴呆症这样的顽疾，也能让你创造出最不寻常的生命奇迹。

第三节
你比想象中更优秀

自信可以化渺小为伟大，化平庸为神奇。一个自信的人，往往能够发现自身的潜能，并充分发挥出来。这样的人是人群中的焦点，常常受到命运之神的无限垂青。

如果你也有一个自认为不可能的梦想，别气馁，我们能够一起实现它，而最重要的一条就是：相信自己。下面，再给大家讲述一个经典的带有传奇色彩的故事。

爱德华·休斯，一个相当普通，成绩永远都在B、C之间徘徊的15岁学生。他终日沮丧不已，因为他天天梦想着能够考进世界著名的剑桥大学。而他深知，像这样下去，他将没有任何希望。

有梦想的孩子一般运气都不会差。一天他的父亲把博赞先生的一本新书推荐给他，并教会他如何绘制思维导图以及学习应用的方法。于是，爱德华满怀信心地在学校宣布，今后每门课程他都要得A，并且一定要考入剑桥大学。

所有的老师都感觉他在痴人说梦。对，是"所有"老师。抨击之声不绝于耳："别胡闹了，以你的成绩恐怕连剑桥大学的边儿也沾不上！""你去参加考试只会浪费学校的钱和你自己的时间。""你根本过不了关。连我们选出来的尖子生能过关的也不多。而你，再怎么努力也只能得个 B。"

"我一定要得 A"——对于任何怀疑他志向的人，爱德华最后的回答总是简单又肯定。在他的坚持下，学校终于同意让他参加考试，但为了"不浪费学校的钱"，他必须自己支付数目不少的考试费。当学校一边把爱德华推荐给剑桥，另一边又知会剑桥各学院，说他们对这名特殊学生能进入剑桥根本不抱有任何希望。剑桥负责面试的学监抱持相同的态度，他同样认为爱德华考取的可能性很小，因为他至少需要两个 B 和一个 A。

爱德华并不气馁，开始执行"启动大脑"的计划。他把两年来的学习笔记重新用思维导图进行了整理，并为每个学科制作了一幅巨大的大师级思维导图，而且有的重点章节也用思维导图来加强理解。他说："通过这种方式，我就能弄清楚一些更详细的内容是在何处、以何种方式组合起来的。此外，对课程本身也有了更好的整体认识。这样，我就能以十分精确的回忆，'蜻蜓点水'般在这门课程的各章节之间穿行。"

他坚持每周复习一次思维导图，越临近考试越有规律。"我试着不看书，也不借助其他任何笔记，只靠回忆重新整理绘制思维导图，根据我的记忆简要地画出各门课程的知识以及我的理解，再将这些思维导图与我的大师级思维导图进行对照，找出其中的差别。"

他还阅读了很多重要的著作，并从中筛选出几本特别重要的，进行深入阅读后将其制作成思维导图，从而优化理解力和记忆力。此外，他还研究优秀文章的写作风格和组织脉络，并以思维导图为基础来练习写作。

最终，爱德华以顶尖学生的成绩通过了考试（成绩见表 1-2）。成绩揭晓不到一天，爱德华在剑桥的首选学院就接受了他的入学申请，并准许他在大学生涯开始之前"休学"一年，先到世界各地游历一番。

表1-2　入学考试成绩及评定结果

科目	成绩	评定
地理	A	顶尖学生
理学奖学金论文	优秀	顶尖学生
中世纪史	A	顶尖学生
商务研究	A和两个优秀	顶尖学生

在剑桥学习期间，他研究了"普通学生"的学习和写作习惯：他们往往先用12～13个小时去学习并理解一篇文章，然后耗费几倍的时间用来阅读相关的书籍和整理读书笔记。此后，他们再用3～4个小时，甚至整整一周的时间，才能完成一篇文章的写作。而爱德华自己总结的学习策略则更省时、更有效，最重要的是，能得高分。他是这样做的：

（1）定一个目标，比如选定写一篇论文。

（2）把对这一主题所知道的一切或认为与之有关的内容做成思维导图。

（3）可以把它放几天，在心中反复思考。在这段时间里快速、分门别类地阅读相关书籍，并将书中的有关信息做成思维导图。

（4）整理思路，将思考好的论文梗概整理成思维导图。

（5）完成写作，通常在45分钟以内。

从剑桥大学毕业之后，爱德华又申请了当时世界顶级的哈佛大学和斯坦福大学的工商管理学硕士，而且被两所大学都录取了。鉴于哈佛大学的国际声誉，他最终选择了哈佛大学。在哈佛大学就读期间，他仍然积极从事社团活动和体育运动，同时他的学业也非常突出。最终他成为一名贝克学者（Bake. Scholar）——哈佛商学院授予5%的优等生的荣誉称号。

从哈佛大学毕业之后，爱德华出任多家公司的首席执行官。他还是"青年总裁组织"的会员和多家慈善基金会的董事。直到今天，他一直在使用思维导图，尤其令他高兴的是，他孩子的学校也开始教授思维导图。他特别希望孩子们的老师思想可以更开放，能够比自己当年的老师更能意识到学生们无限的潜力。

爱德华说："我与其他人的主要差别仅在于我知道如何思考、如何使用我的大脑。在我知道如何得'A'之前，我也总是得'B'或'C'。现在我成功了，别人也一样能成功。"

第二章

思维导图撑起学霸天空

☼ 学习并非大家想象的那样苦楚，虽然成功没有捷径，但一定有事半功倍的方法。思维导图就是这样的方法，只要能应用好，并以此改善你的学习思维和学习策略，轻松学习、逆袭学霸绝非"白日梦"，成为"天才"的目标也将触手可及。

第一节
大脑的学习方式

———

　　古今中外，凡属伟大的成功者都以身为范地阐明了这样一个道理："人生的好与坏，正如人们对大脑的使用一样。你怎样用脑，你的人生就会变得怎样。"正如比尔·盖茨所言："人与人之间最大的区别，是脖子以上的区别——大脑决定一切。"

　　这似乎为我们学习力低下找到了一个合理的解释——"我的脑子不够用"。当许多人面对学习和生活中的难题时，这个貌似合理的借口习以为常地成了自我开脱的口头禅。可结果呢，这些自嘲并没有为你解压，反而每天都在不断地暗示着你：你成不了"材"，因为你是个笨蛋！可真的是你的脑子不够用吗？抑或你确实是个难琢之"材"？这些当然都是否定的，其实每个人的大脑里都长有"智慧之树"，而我们要做的，就是去找到一些好办法，让它成长得再快一些、茁壮一些，这样，成才必将指日可期。

大脑的思考模式

大脑的智慧之树并不神秘,就是我们的脑细胞,也叫作"神经元"(见图 2-1),它蕴含着几亿年人类进化的智慧,也是思考发生的源泉。它的形状仿佛大树,"树枝"被称为树突,负责与其他同伴联结,并接收信息;"树干"被称为轴突;"树根"是轴突的分枝,负责向其他同伴发送信息。像这样的神经元,我们的大脑里约有 850 亿个,它们彼此相连,互相传递、共享着资源,由此我们的一个个"想法"便诞生了。

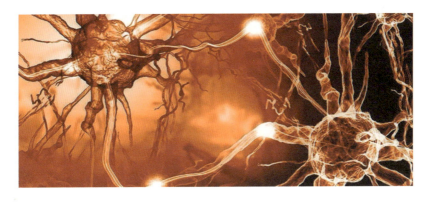

图 2-1 神经元结构

让我们回想一个场景。

一天,你匆匆走在回家的路上,偶然间,路边的一处水果摊位引起了你的注意,其中最醒目的当属那色泽鲜艳的红苹果,你不由得放慢了脚步。这一刻,你的大脑已经对苹果产生了兴趣。

当你走上前去的时候,大脑开始力求详尽地抓取这些苹果的特征信息,颜色、大小、形状、气味、触感,以及来自摊主的招揽声——"来点苹果么?甜得很,4.15元一斤,随便挑。"这时你眼前的苹果宛如心仪已久的倾慕对象,它的一切特征都被你细致地端详体会着。大脑在急速处理着从感官那里搜集来的所有关于"苹果"的信息,并在数据库里调取一切与这些信息相关联的以往经验,在分析的同时还进行着丰富的联想:颜色红润表明非常成熟,果肉一定细脆多汁;淡淡的清香,表露着它的甜意;可能会有一点微酸,但这正是这种苹果独特的口感;圆润饱满,品相极佳,苹果的表面并不十分光滑,看来没有打蜡……

与此同时,大脑迅速提取出记忆中几天前看过的文章讯息:苹果含水量为85%,具有天然抗氧化物质,而且有补脑养血、增强记忆、宁神安眠的作用,此外苹果的香气还能消除心理压抑感,闻了苹果香气后,心境会大为好转,精神轻松愉快……

"这几天确实压力较大,高强度的学习让脑细胞损耗较多,家里正好也没有水果了,买一些回去吧。"大脑迅速做出了决定。

买多少呢?一天吃一个,可以先买一周的;周末好朋友还要来,可以再预备一些;三个苹果大约一斤,买十五个约五斤。拿着应该有些沉,算了,先买七个吧,大约能花10元钱;要挑个头小一点的,说不定还能多买一个;这次回去先尝尝口感,好吃的话周末之前再买一次……经过一番考量,大脑再一次提出了可行性决策。

"一共是9.13元,零头不要了,保证甜脆,吃完惦念一辈子。"老板用温和的笑容传递着他的诚信。"好的,我用支付宝付费,麻烦多套个袋,别漏了,下次再来您可得给我便宜些!"在愉快的购买过程接近尾声的时候,大脑仍然在为决策进行多维度的补充分析,力求完美。

这就是我们平时一个极其简单或是漫不经心的自然行为，虽然只有短短几分钟，但是大脑却已经完成了无数次极其复杂的系统分析和统计运算，这些运算是由神经元集合协作完成的。大脑里近千亿的神经元都有着不同的分工，每个都存储着自己特有的信息，当大脑需要决策时，存储同一类型信息的神经元组成为神经元集合，进行信息的交互共享，然后所有相关信息被整合处理，最后定下决心下达行为指令，这就是大脑传输信息形成思考的形式。

我们的大脑每时每刻都在进行着海量的信息统计运算，不停思考着一个又一个"该怎么做"的问题，例如"买苹果"的例子，"要不要买？""买什么样的？""买多少？""重量多少？""钱数多少？"等等，每个大问题被细化成无数个小问题，每个小问题又被分解成细致的思考点，可无论大问题还是小问题，大脑的思考模式都一样。首先，各种感觉器官会把感应到的一切信息传递到大脑，大脑将接收到的信息筛选整理后，再调出记忆系统里的相关记忆，形成"该怎么做"的解决方案。然后，分析计算出可能发生的结果和潜在的后果，再提出一系列的假设，完成一个又一个的补充决定。简单一点，可以把思考的过程理解为：接收基本信息，提取信息特征；唤起关联记忆，分析整理思路；判断评估可行性，下达决策指令。当然，这只是为了通俗易懂，而非严谨的科学表述。

大脑的思考原理，为思维导图的发明提供了极大的启发，也为高效学习方式的研究和应用提供了科学参照。在这一次次思考中，我们的大脑持续地进步和自我完善，从而拥有了几亿年进化而来的无与伦比的智慧和改造世界的力量。那么现在，你是否还会认为"我的脑子不够用"？

大脑的用进废退

现在我们可以摒弃"脑子"不够用的假想了，根本没有不够用的"脑子"，只有用得少，或者懒得用的"脑子"。其实"偷懒"也是我们大脑的一个习性，比如，你在博物馆参观的时候给一幅画拍了照片，那我们记住这幅画的可能性就会降低，因为大脑会认为这幅画已经存放在了你的数字设备里。当你长时间不去回顾它，记忆就会变得模糊，甚至忘却。这是因为大脑认为这些信息对你不重要，为了减低能量消耗，干脆直接删掉。这就是大脑"用进废退"的特征，想要达到有效学习、高效学习，关键在于我们要积极促进大脑的"进"，而不能妥协于它的"退"。

小时候，家的附近有一池荷塘。每天放学我都喜欢约上几个同伴，穿过一片树林去那里玩耍。久而久之，一条原本不明显的小路，被我们走得清晰可见，成了去往荷塘最好走的通路。偶然有一天，伙伴发现远处的地方有一片向日葵，金灿灿宛如太阳歇息在山坡上。可是，眼前的这片树林却没有通向那里的路，心驰神往的我们还是决定要去看一看。于是我们步履艰难地穿过灌木，避开树枝，搬开石头，克服障碍，最终抵达了那里。眼前那一簇簇的葵花，碧叶若蒲，婆娑轻摇，花若金盘，朝气蓬勃，淡淡的清香中有着阳光的味道，让人感觉无比温暖。向往在，脚步就不会停，在日继往复中，原本的草棘丛生，竟被我们走出一条恰似通往荷塘一般的小路。

像这样的小路在我们的大脑中也有无数条，它们是各个神经元相互之间的联结，这些联结的断、连、强、弱决定了我们脑子的"快慢"。而这些联结也因外界刺激而不停地发生改变。刺激分为两种，即掌握的和未知的。

我们对于已掌握的，诸如知识、技能或习惯等，可以驾轻就熟、信手拈来，这得益于神经元之间已有的"荷塘通路"，它们可以把所有掌握的信息瞬间汇集到一起，然后指引行为。当掌握的信息被频繁调用，神经元的联结就会越来越强壮，时间久了，小路就变成了坦途。

如果外界的刺激是未知的，我们就必须重新学习，这也就意味着神经元之间要从无到有建立新的联结，开辟出新的"葵花通路"，所以学习新东西通常要付出一些辛苦努力。这就是大脑的可塑性，即没有的联结可以建立，常用的联结越用越强，而不常用的就会被荒草淹没。时间久了，如果大脑认为不常用的知识确实没用，还会把已有的联结自行"剪断"。

比如，有一种被称为"蔬菜之皇"的名贵蔬菜，它有着极其丰富的营养价值，但可食用的部分并不多，所以很"贵"。至于它的"名"，很多人都不熟悉——它叫作"洋蓟"，一个既难写又拗口的名字。对于这个陌生的事物，如果从现在开始有人一直念它的名字100次，那么当再次听到"洋蓟"时，你的反应速度一定比之前快几倍，而你自己念"洋蓟"这个词的速度也会加快，在超市时你还会很快注意到洋蓟，如果要你马上说出几样蔬菜的名称，你更是会马上想到洋蓟，甚至你很有可能会去市场上买一个洋蓟。

你不会意识到上述这些情况，而且这些也不是你能控制的。其中的原因在于，你总是重复听到"洋蓟"这个词，所以当它的名字再次出现时，大脑中所有共同反映这条信息的神经元就会被迅速地激活，并且调整发射该信息的阈值，让它传递的速度变得更快，就好像肌肉经过锻炼会变得更加强壮一样。神经元们会这样想："洋蓟"又来了，它应该非常重要，所以我们的反应速度要更快一些、力度要更强一些。甚至神经元们还会更加热切地盼望着"洋蓟"的再次光临。

知道了大脑学习和进步的特性，相信以后每当你学习时，大脑里都会浮现出神经元联结的动态（见图2-2）。仿佛它们在告诉你，这条知识我们已经完成了联结，信息开始在神经元集合内共享和存储，如果希望联结变得更强壮、更紧固，那让我们一起再记一次吧。

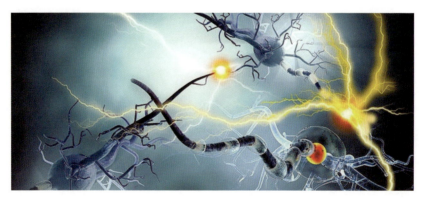

图2-2 神经元联结

大脑的巨大潜能

科学表明，每个普通人的大脑约有 850 亿个神经元（脑细胞）[一]，每个神经元平均与 7 000 个神经元相连。这意味着它们之间约有 600 万亿个神经联结，这个数目大约是银河系所有星球数量的 3 000 倍。如果这些神经元头尾相连，总长度可达 165 000 公里，足够绕地球 4 圈了。[二] 神经元之间的信息传递速度可达每小时 400 多公里，平均每 24 小时会产生约 4 000 种念头、处理约 8 600 万次信息。我们的大脑可以储存约 1 000 亿个信息单位，高达 5 亿本书的知识信息，相当于美国国会图书馆的 50 倍。

我的天，原来任何一个普通人的大脑都要比世界上最尖端的计算机还厉害。如果要设计一台能够完成人脑全部工作的计算机，那么恐怕要巨大到连卡内基音乐厅[三]也容纳不下。再做个简单的比较，一条长度仅 1 毫米的"秀丽隐杆线虫"只有 302 个神经元，如果要计算这种线虫的意识水平，一台普通计算机至少要花 5×10^{79} 年时间。而到了那个时候，宇宙可能都不存在了！相比一下"买苹果"的过程，就不难想象人类大脑里蕴藏着多么强大的力量了。

[一] 引自参考文献 [18]。
[二] 引自参考文献 [19]。
[三] 美国纽约的一座大型音乐厅，以外形美观、声效出色而著称，被誉为世界上最著名的音乐圣殿。

博赞先生曾形象地比喻:"你的大脑就像一个沉睡的巨人。它是由千亿个脑细胞构成的,每个脑细胞就其形状而言就像小章鱼。它有中心,有许多分支,每一分支有许多连接点。每一个脑细胞,都比今天地球上大多数的电脑强大和复杂许多倍。每一个脑细胞与几万至几十万个脑细胞连接。它们来回不断地传送着信息。这被称为'具有魔法的编织机',其复杂和美丽的程度在世间无与伦比。而我们每个人都有一个。"

我们的大脑具有如此令人震惊又不可思议的巨大能力,可为什么我们想掌握一些简单的学习内容时,却并未感到轻松?美国最大的研究机构斯坦福研究所的科学家们研究发现,我们的感觉器官每时每刻都在接收着各式各样的海量信息。比如,人的眼睛大约有1亿个光感受器,每个光感受器在1秒钟能获取10个视觉信息,因此,我们的眼睛在每秒钟能接收到10亿个信息。除了视觉,大脑还要接收来自其他器官比如皮肤的感觉的信息。面对不计其数的庞大数据量,大脑会"任性"地凭借喜好筛选出其中1%的"中意对象"进行处理,而其余的99%均被打入"冷宫"。

大脑的讨好者

现在,我们终于知道了大脑思考的过程、让它进步的方法和它蕴含的巨大潜能,剩下我们要做的就非常简单了:讨好它、使用它。那么,大脑对什么样的信息感兴趣呢?

1970年,美国心理学家拉尔夫·哈伯(Ralph Harper)教授研究发现，人脑对于图像的识别几乎可以达到"过目不忘"的水平。实验证明，正常人在看过 10 000 张图片之后，竟然能够记忆 98% 以上图片的内容，这说明图像能够非常出色地辅助记忆。目前来看，视觉信息处理是人类大脑的核心功能，大脑皮层约 1/4 的面积都参与这项工作[一]，而且速度要比处理文字信息快 60 000 倍[二]。另有研究表明，以图像为主要表达方式的思维导图，能够激励左右脑协同作用，平衡发挥语言功能和视觉功能，还能充分发挥大脑皮层的记忆功能。

2014 年，诺贝尔奖获得者莫泽（Moser）夫妇关于"定位细胞"的研究，为思维导图与脑细胞的思考形式相吻合提供了科学证明。这个发现又一次证明了思维导图的强大，也使得思维导图与学习能力提升的关联得到科学的证实。2009 年，国际思维大会上的研究报告显示，在帮助孩子学习和记忆单词方面，思维导图远比列表更高效，前者可以将有效记忆比率提升 32%。2002 年，保罗·法兰德（Paul Farrand）等人的研究表明，思维导图使受试者对事实信息的长期记忆提升了 10%。

看看，秘籍找到了。思维导图符合大脑的喜好和运作原理，它能为大脑提供最便捷的信息记忆和提取方式，有效地刺激大脑皮层的响应，通过激活发散思维，调动善于逻辑分析的左脑和善于创造的右脑协同工作，从而激发全脑思维的迸发。

㊀ 引自参考文献［20］。
㊁ 引自参考文献［21］16 页。

第二节
思维导图的学习优势

———

我们的世界是由各种事物有规律地联系到一起的有机整体，当我们运用思维导图去探寻了解这些事物的规律和联系时，就仿佛立于高巅，洞察、分析着展现于眼前的一切。这好像上帝在俯视大地，世间万物的千姿百态尽收眼底。大江大河宛如线条，界限分明地将万物区划，让你不仅可以清晰地辨识事物本身，还能通透地看到其中千丝万缕的联系，不仅看得到相同、相似、相异，而且看得到个别、特殊和一般。从聚视到全貌，从宏观到微观，从表象到本质，从外延到内涵，从并存到因果，甚至你能看得到深邃的思想宇宙，并将无限思绪构成的意识世界全部容纳在你的视觉里，这就是"一图呈万象"的魅力。

应用原理：向大脑看齐

"东尼·博赞让人类重新认识了大脑，如同史蒂芬·霍金（Stephen Hawking）让人类重新认识了宇宙。"这是《泰晤士报》对博赞先生卓越成就的评价。

基于心理学、神经生理学及语言、思维、记忆等大脑科学,博赞先生创造了思维导图。思维导图的结构与神经元相似(见图2-3),由中

图2-3 神经元和思维导图结构对比

心向周围发散，呈放射延展形态。仿佛是棵思维之树，中间的树干是中心主题（中心图）；树干上由粗到细的大树枝，是大纲主干；大树枝上的枝杈是内容分支；所有树枝上的树叶好比是关键词；树上结出的果实就是一些关键的图像。大树呈放射状，体现了思维导图放射性思维的本质特征。

　　思维导图的应用原理与大脑的有机运作原理相一致。在学习运用上，思维导图按照大脑学习的特性，通过对主要信息的深刻理解，把握其基本特征和层次要点，然后以逻辑思维关联相关信息，归纳整理思路，形成知识结构图；在组织思考上，思维导图按照大脑生成"想法"的模式，通过对主要信息的分析，以发散思维的方式展开有序联想和开放想象，然后聚合归纳，形成决策。

　　因为思维导图的结构和原理都与大脑机能相似，所以更能引起大脑的积极响应，激发潜在能力。在思维呈现上，思维导图采用可视化的方式对大脑的思维过程进行描述，从线性（一维）思维到横向（二维）思维，再到多维思维、发散性思维，最终以图像化、体系化的形式将"思维"可视化呈现；在事物认知上，思维导图运用图文并重的技巧，把研究对象的知识要点和层级关系清晰地表现出来，并在关键词与图像、颜色等要素之间建立记忆链接，促进深化认识、透彻理解和系统记忆；能力提升上，思维导图充分利用图像、色彩、线条、空间、逻辑、发散性等元素激发大脑自然功能的强化，有效促进观察力、注意力、记忆力、创新力、决策力、判断力、推理力、想象力、创造力和分析解决问题能力等综合能力的整体提升；在激发潜力上，思维导图利用记忆、阅读、思考的规律，通过刺激促进左、右脑的交互运用，从而释放学习应用中全脑协作的巨大潜能。

学习效能：让优势聚合

曾领导美国剑桥学院[一]"整合式快速学习法"的吉妮特·佛斯博士（Jeannette Vos）在所著《学习革命》一书中，建议读者在阅读该书的每个章节时，都使用思维导图来学习，而且专门用一章的内容来介绍思维导图的应用，强调思维导图用以学习的优势。作为高效的学习方法和终极的思维工具，思维导图在学习领域具有巨大的优势作用和实用价值。

◇ **适用各年级、各学龄。** 迄今为止，全球已有近6亿人使用并分享着这份由博赞先生献给世界的象征智慧的礼物。在全球思维导图学习热潮中，已知的最高龄学习者是95岁的马来西亚前总理马哈蒂尔，而最低龄的学习者是仅仅5岁的中国小女孩马敬颐，图2-4是她的思维导图习作。2019年这位全球年龄最小的思维导图学习者受到"世界思维导图锦标赛全球总决赛组委会"的友情邀请，成了代表中国在世界舞台上绽放智慧之花的希望种子。所以，思维导图并非成年人的专属，相比工作上的应用，思维导图在学习上的作用则更为突出。无论是小学生、中学生，还是大学生，都可以使用思维导图来培养良好的学习思维、建立系统的知识架构、促进无限的知识拓展、提升研究分析和解决问题的综合能力。

[一] 剑桥学院是一所综合性的高等学府，其主校区位于美国马萨诸塞州的剑桥地区。

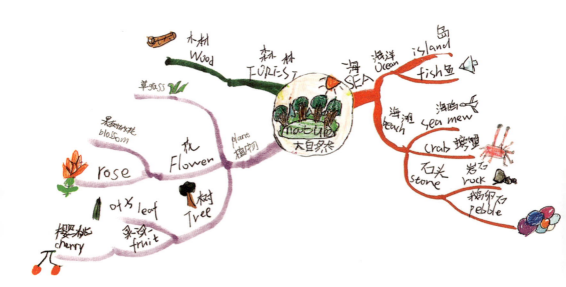

图2-4 马敬颐英语学习思维导图习作

◇ **应用全学科**。"思维导图"既可以是思维的可视化呈现,又可以是知识的体系化展现,而它更大的价值其实在于"图导思维",即用图梳理推导出解决问题的办法、步骤和答案。虽然每个学科的特点不尽相同,但只要掌握了思维导图的要义,学好每个学科都不在话下。比如,思维导图的层次分析功能便于掌握英语的阅读理解和诗词古文的记忆;思维导图的逻辑关联结构便于实现英语单词、语法、时态和数理化公式的记忆;思维导图的发散思维方式便于各种类型作文的思路整理和历史、地理、政治等综合材料的分析。所以,只要掌握了"图导思维"的要义,每个科目的学习都会变得轻松很多。

◇ **应用学习全过程**。思维导图可以应用于学习的全过程:在求知阶段,可以使用思维导图分析学习资料、理解知识内容、提出和剖析问题;在输出阶段,可以以视觉呈现的方式对知识加以描述表达,检验认知程度；在构建知识体系阶段，可以整合资源、整理知识网络，形成体系化记忆；在能力转化阶段，可以梳理、推论解决问题的思路和方法，生成有效的决策和举措，提升综合学习能力，进而实现知识迁移。

◇ **实现知识可视化。**思维导图把视觉信息作为语言和工具，通过对大脑逻辑性与创造性地运用，综合图形化、视觉化和符号化等多种元素，将复杂事物、晦涩理论、抽象概念转换为"形、色、质、构"等视觉语言，实现直观、清晰、简洁的"知识"重现。与一篇说明文章相比，思维导图更能描绘知识的"感性"和思维的"态度"，更能够兼顾身份、职业、文化背景各不相同的观者的"可理解性"，更能够迅捷、精炼地传递信息，构想现象和解析问题，并有效地帮助我们实现头脑风暴、创造力开发、组织想法和问题解决。

◇ **成倍提升学习效率。**思维导图的发散结构促进了学习者要对相应的关键词进行联想思考。这不仅可以强化我们在学习时思考这个关键点，还可以促使我们更加积极主动地倾听学习内容。不仅如此，正如前文所说的，思维导图可以激发我们没有被完全开发的右脑，因为在绘制思维导图的过程中我们需要运用到颜色、图像以及大脑的想象力。同时，有助于增强大脑的理解力和记忆能力。掌握正确有效的学习方式，吸收信息可以变得更加便捷。思维导图这样的学习方式不仅使人可以获得更加高效的学习效率，更能培养绘图者的创造力。

◇ **促进巩固长久记忆。**以往我们的学习笔记多以线性方式来记录，这样的笔记将关键词和重点内容淹没在一大堆不重要的词汇当中，使得记忆性词语被隔离，知识间的关系被打断，使大脑处于一种疲惫状态，让自己的意识抵触甚至拒绝吸收信息，因此对于记忆造成了消解效应。另外，机械的学习模式和模板式的应试思维，严重地限制了大脑联想和创新能力的进步，因此对创造性思维和记忆都会造成负面影响。思维导图能够兼顾大脑左半部的具象思考与右半部的抽象思考，让"心"门敞开，"智"慧无限。它用"图"解说"文"的方式，让知识的结构和内容在大脑中产生定位效果和重现效应，并通过清晰快速的"提取"来强化，使其转变为长久记忆。

◇ **提升阅读理解能力。** 思维导图是支持分析阅读和主题阅读的有力工具。对分析阅读来说，思维导图能够帮助梳理知识间的逻辑关系，帮助读者建立起整体认知，降低阅读的负担；对主题阅读来说，思维导图能把相同主题的系列书（或文章）整理归纳到一张图中，帮助读者建立起对一个主题（或领域）的整体感知。通过思维导图的阅读分析，可以有效地将材料信息组织起来，将自身的学习领悟与作者的写作思维相融合，在吸收原作者思想精华的基础上，更新自我思维。最终通过高效阅读、快速阅读，实现信息组织能力、表达能力和思考能力的综合提升。

第三节

思维导图的基本特征

―――

　　一幅真正的思维导图，是由非线性的自然流动、丰富色彩的视觉冲击、形式多样的图像展现等必不可缺的要素综合构成的。它不仅是思维的语言，更是独特的艺术表现，而其强大的要义也非仅在高效学习上的作用，最为重要的是它具有开启大脑潜能的巨大力量。

思维导图的主要特点

　　主题突出：研究对象的主题以中心图的形式清晰醒目地集中在中央位置，让人一目了然、印象深刻。

　　分支发散：主题的分支（主干和支干）从中心图像向四周发散，从视觉上释放大脑的开放性思维，破除思想禁锢。

　　层次分明：按照知识内部结构来进行分级加工，线线相连，逻辑严谨，能够特别好地帮助我们梳理思路和知识结构。

思路清晰：分支之间呈同级关系，围绕主题按顺时次序展开；分支内部自行相连，形成一个相对独立的知识模块。整幅思维导图的每一条连线都代表着一条思考路径，清晰明确。

视觉刺激：使用丰富的图形、颜色和代码有效地刺激大脑，形成深刻记忆。

思维导图的思考模式

思维导图的思考模式以多维度思考方式为基础，其中包括水平思考和垂直思考两种，这两种思考方式又以有序联想和开放想象这两种思维方法为主体。当我们想要去分析了解某一个主题时，可以先从这个主题出发，通过有序联想和开放想象的思维方法，激发出众多与主题相关的想法。再经过水平思考和垂直思考的这两种思考方式去整合想法、整理思路，并进一步解析知识、构建认知体系，最终以多维度的思考模式形成认识事物、决策定向、提升效能的高效解决方案，这就是思维导图特有的、强大的作用和能力。

水平思考：是一种扩散状态的分析性思考方式，博赞先生称之为Brain Bloom，意思为思维绽放、联想开花。即以主题为中心，通过不同的角度展开思考，然后将思考结果总结归类，形成并列式的结构关系。

垂直思考：是按照一定的思维逻辑，逐级推进的激发性思考方式。博赞先生喜欢用动感的线条来体现这种思考方式，感觉思绪如同流动的泉水一般,可以连绵不断,所以称它为 Brain Flow,意思为思维飞扬、联想接龙。呈现形式是顺着每条分支,展开递进式的深度思考,每一个想法都从上一个想法中激发而来。

有序联想:即围绕主题产生的联想,表达的内容之间有一定关联,适用于分析文章结构、工作计划等。

开放想象:即表达的内容都是主题引发出的天马行空的想象,这种想象可以是无穷的,适用于激发创意、头脑风暴等。

比如以"苹果"为主题,采用有序联想的方式进行水平思考,可以想到苹果的颜色、形状、口感、糖分、营养等等。这些内容都与主题有关,而且彼此间也有一定的逻辑关系(见图2-5)。如果采用开放想象的方式进行水平思考,可以从苹果想到水果、果酱、手机、牛顿、减肥等等。虽然这些内容也都与主题有关,但彼此间则没有什么逻辑关系(见图2-6)。

图2-5　水平思考·有序联想

图 2-6　水平思考·开放想象

还以苹果为例，这次以有序联想的方式进行垂直思考。我们可以由苹果的颜色想到红苹果，红苹果想到红富士，红富士的产地有山东，由山东产地想到栖霞市等等。运用有序联想的方式进行垂直思考，每一个新想法都由上一个引发而来，但又都与主题有关，这种方式适合梳理知识结构图和组织构思写作思路（见图 2-7）。如果采用开放想象的方式进行垂直思考，我们可以从苹果想到牛顿，由牛顿想到万有引力，再想到自由落体，再想到跳水，然后想到奥运会等等，这种思考方式虽然每一个新想法也都是由上一个引发而来，但却都与主题毫无关系，这种方式应用于激发创意特别有效（见图 2-8）。

图 2-7　垂直思考·有序联想

图2-8 垂直思考·开放想象

通过比较上面的例子，有些人可能会奇怪，为什么水平思考的结构是纵向的、发散的？而明明是横向结构的，却又叫垂直思考？其实，水平思考和垂直思考只是它们在概念上的固定叫法。在思维导图中，水平思考体现的是"全面思考"，扩展思考广度的能力；垂直思考体现的是"深入分析"，深度思考的能力，虽然它们的名字与现实结构的样子不一致，但只要大家理解它们的本质就可以了，大可不必为它们的"模样"纠结。

这两种思考方式形成的多维思考能力是思维导图学习应用的基础内核，它们既是思维导图的灵魂所在，又是突破思维禁锢的锋刃。水平思考有利于打破惯性思维，拓宽思考的广度，清晰整理、划分结构层次，提升我们的思考能力；垂直思考有利于激发自由和逻辑双重联想，可以对水平思考划分出的层次内容进一步延展细化，深度思考某一个细节，直到找到答案。二者相互结合，可以从宏观和微观、内涵和外延、高度和深度等多个维度，对知识和目标进行理解分析、延伸认知、深度研判，从而全方面提升分析问题的能力和研究问题的高度。

思维导图的理论基础

近年来,众多专家学者基于思维导图的理论内涵与教育心理学、认知心理学等国际前沿理论基础的研究,为思维导图的科学性提供了理论依据,同时也为思维导图的创新发展提供了更为丰沃的科学土壤。

意义学习理论:由美国著名心理学家奥苏贝尔(Ausubel)提出。该理论认为,影响学习最重要的因素是学生已知的内容。在意义学习中,学习者要将新知识与旧知识建立联系,良好组织相关知识结构,并具备新知识与已有知识结合的情感倾向,从而带来更多的创造性成果。从意义学习的角度看,思维导图能帮助学习者建立起意义学习的中心方向,有效建立新旧知识的联系,并从宏观上诠释了意义学习的作用和价值。

认知负荷理论:由澳大利亚认知心理学家约翰·斯威勒(John Sweller)提出。该理论认为,人的"工作记忆"容量非常有限,只能同时存储 7±2 个组块,当工作记忆的负荷最小、最利于向长时记忆转化时,学习最为高效。从认知负荷理论看,思维导图用图示的形式呈现知识内容及相互关系,其对知识的细化与整理缩减了冗余的信息,大大降低了大脑的记忆负荷。同时,思维导图又将零散的知识组织成一个新的集合,形成了新的组块,这个新组块的信息量成倍地高于原来的每一个小的组块,从而能够在单次记忆的组块数量有限的情况下,实现大幅度提升记忆存储信息的总量,并为进一步的思维加工和深度思考提供了良好的条件。

双重编码理论：由美国心理学家佩维奥（Paivio）提出。该理论认为，人的认知系统是由语言和非语言两套编码组成的。语言性编码（文本、声音）的顺序回忆效果比较好，而非语言性编码（图画、拟声）的自由回忆效果比较好。信息如果同时以视觉和语言两种形式呈现，将大大增强记忆和识别。从双重编码理论可以看出，思维导图将知识以图示、图像、文字等多种形式呈现出来，为学习者在知识理解上提供了更加强大的双重编码解析，加速了思维反应的发生。

卡皮克记忆理论：由美国认知与学习实验室的杰弗里·D·卡皮克（Jeffrey D. Karpicke）博士提出。该理论认为，重复学习对延迟的回忆（一周后）并没有效果，但重复测试能在很大程度上促进回忆。研究表示，在学习过程中应该更多地进行"提取练习"，而不是一遍遍地研读书本。绘制思维导图就是将隐性思维显性化的过程，这个过程与普通的阅读、理解相比，包含更高频次且形式多样的知识"提取"，能够更清晰地帮助学习者找到知识间的"缝隙"，从而有意去"填平"这些"缝隙"，因而是更为有效的思维方法和学习方法。

加速学习理论：由乔治·罗扎诺夫（Georgi Lozanov）提出。该理论认为通过外部刺激可以很快提高学习的速度和质量，同时对外界环境的感知可以指导和促进长期记忆。比如，使用视觉材料可以在大脑中被潜意识记录下来，并且在受到启发时能够快速地回忆起来。思维导图把视觉信息作为语言和工具，综合图形化、视觉化和符号化的多种元素，将复杂的事物、晦涩的理论、抽象的概念转换为"形、色、质、构"等视觉语言，实现直观、清晰、简洁的"知识"重现，更为高效地促进学习速度和质量。

第四节
破解认识误区

近几十年来,思维导图有时会被一些冒称思维导图训练师的人误解和滥用,其实他们自己对思维导图的认识就存在根本性的错误,他们的实践也没有遵循构建思维导图的重要规律。一旦思维导图被错误地传授,我认为有可能会最终损害思维导图的纯粹和效果。

——东尼·博赞

错误的学习比不学习还要可怕,因为一旦养成了一个错误的习惯,我们就要付出比学习之初多十倍、百倍的努力去改正,而最终也未必成功。学习如此,应用学习方法更是如此,方法错误宛如背道而驰,走得越快,离目标越远。在思维导图入门运用时,初学者的一些认识困惑和偏差会形成一个个误区,成为我们前进的阻碍。求知学习容不得混沌和模糊,"雾里看花"与"盲人摸象"无异。要避免劳而无功,我们就必须点亮心灯,破雾前行。

心理误区：绘画零基础是天然缺陷

常常听到有人说："我不会画画，根本画不出思维导图。怎么办呢？"

首先，让我们先确认一件事情，绘制思维导图的目的是什么呢？是想把思路整理得清清楚楚、把事情分析得明明白白，把知识牢牢锁在记忆里？还是想去参加学校的美术比赛？答案不言自明。虽然思维导图呈现的形式是"一幅图"，但其最核心的价值在于思维呈现，而不是"美图秀秀"。最大化地启发并拓展思维的广度和深度，才是我们运用思维导图的主要目的。图像固然是思维导图的一个重要元素，但即使再难看的画，也能够在脑海里呈现并实现它"绑定"信息的作用。所以说，画图不是为了好看，而是为了形象转化，只要你画出来的"东西"自己能辨识出来即可，而且越是夸张、越是离谱的图像反而越容易激发大脑的活跃度，这就是初学者应该"舍貌取神"的原因。

如果你纠结的根源不在于画得不好看，而是天生就不擅长绘画的沮丧，那你就是被自己的大脑骗进了误区。回想一下父母讲述你儿时的故事，那时的你还不会写字，却喜欢把白墙当画板，热衷于满墙随意地涂鸦。绘画其实是我们每个人都与生俱来的本领，只是在后期的传统教育中，这个"天赋"被学校固化的教学方式弱化了，导致"用进废退"的大脑不愿意再费力帮你重拾绘画的能力。所以，你总会第一时间听到一个声音："我不会、我不行，不去尝试就不会丢人了。"其实这只是长期习惯了懒惰的大脑,为了偷懒找的"蒙骗"你的理由。所以,我们大可不必再因为零基础而深感懊恼、畏怯不前。如果你现在愿意从"0"开始,就像达·芬奇从画鸡蛋开始一样,那么假以时日,你也一定会取得非比寻常的成就。

技巧误区:画好思维导图很难

在学习与应用思维导图的初期,很多人会困惑于自己绘制的思维导图杂乱无序,并不能达到一目了然、结构清晰、记忆深刻的显著效果,从而误以为思维导图这种学习方法并不便捷,而且想要画好一幅思维导图也并不容易,因此丧失了信心。其实,初学者图示效果不理想的问题比较常见,主要因为初学者没有先画草图的习惯,急于求成就会导致图面分支太多、关键词太多、图片太多、连线太多等问题出现,使得整幅思维导图看起来比较凌乱。

一幅思维导图反映的是绘制者的思维过程,所以先画草图整理好思路是非常必要的。在草图的基础上,可以重新组织结构,对分支内容进行整合或删除,这样既能让整体布局显得美观,又能保证层次和逻辑清晰明了,更有助于记忆。

在思维导图的分支上加入插图是为了强化重点、帮助理解和记忆。所以,图片完全可以使用简笔画,只要能够表达核心的意思就可以。切不可在一条支干上插入多幅图片,一则喧宾夺主,二则会造成画面太满,显得拥挤混乱。

把整行甚至是整段文字放在分支上面，也是常见的错误操作。这样做并没有真正减轻大脑记忆的负担，更不利于大脑做出正确的抉择与判断。绘制思维导图的目的是为了把握要点及关键的信息，所以，一定要把精炼的内容和关键性的词语放在分支上面。

在思维导图中，每一条连线都是一条思考的路径，如果不同分支间的内容有关联，可以采用连线来表示。但连线的数量要适度，没必要面面俱到，连线太多会降低思维导图的可读性，增加读图的认知负担。

观念误区："拿来主义"省心省力

在学习思维导图入门期间，我们一直有个观点：如果初学者前期觉得自己绘图有困难，可以先借鉴网上或别人已有的成图，然后再加入自己的想法进行临摹。

但是在实际过程中，很多人认为自己动手绘图比较麻烦，或者认为自己没有别人总结得好，所以临摹变成了观摩，只学不绘，只看不画。这就好比学游泳，即便教练讲解得再细致，示范动作再规范，可你自己始终站在泳池边上看，却不愿意下水试一试，那么你永远也学不会。

其实自己动手画图，经过构思、草图、成图三个步骤后，相当于把所有知识系统地复习了三遍，不仅能够强化理解，更能促进记忆固化。最重要的是，自己动手绘制思维导图，实际是培养和锻炼系统化思考的能力。正如美国通用电气公司前 CEO 杰克·韦尔奇所说："不管在什么时候、什么地方，当我需要阐明自己思想的时候，我就喜欢在纸上画一些图。"只通过画图就能养成体系化思维的习惯，这必将让我们的一生大为受益。

评判误区：使用思维导图浪费时间

认为思维导图浪费时间的想法，主要来自两个方面的误解。

一种是"颜值控"，认为思维导图一定是"画"出来的。思维导图的作用是为了更好地引导你的思维，所以应用在学习过程中时，可以是简单的线条图，也可以是随笔勾勒的草图。而作为建立知识体系图时，为了便于记忆，可以按照绘图的原则，加入能激发记忆的构图要素，适当美化。

第二种是评判的标准有偏差。如果把课后整理思维导图的时间进行单独计算，确实会感到一部分时间被额外耗用了，但其实这个时间和重新整理学习笔记是一样的。

另外，从统筹学的角度看，平时我们用"线性式"的方法记录课堂笔记时，花费在抄写那些与记忆关系不大的词语上的时间大约占到90%；在重读笔记时，浪费在那些重复读取无意义的词语上的时间也大约占到90%；在理解时，需要再次反复搜寻记忆中模糊不清的关键词，再次浪费大量的时间。

可如果把这些过程换成思维导图的形式，在复习时我们只需拿出知识体系图重新看一遍图、回忆一遍图，或者简单地重新勾勒一遍，那么复习所有知识点的时间仅和做一道大题的时间差不多。并且在每一次重新整理的过程中，你还可以加入新的知识、产生新的理解，重新概括、对比、总结，这样你的知识体系会越来越清晰，学习和解题的思路也会越来越优化。而对于知识点的提取，再也不会像大海捞针一样在脑海里搜索，而是直接在知识脑图上定位。相比之下，应用思维导图不仅仅会缩短学习时间，而且学习效率、学习效果也会大幅度提升。

是非误区：所有可视化图示都是思维导图

当前，除思维导图之外，还有很多有着不同用途和特征的图示工具，然而部分初学者或者还未掌握思维导图构建规律的人，并不真正清楚它们和思维导图的异同。在日常应用中，或者一概而论，通通翻译成"思维导图"；或者张冠李戴，相互混淆。不同的图示代表着不同的思维模型，它们在应用上有着各自鲜明的特点、作用和使用场合，也都具有各自独特的优势，但它们在本质上却与思维导图有着极大的差别。如果不能清楚地认识到相互间差异，就会在很大程度上误判其学习应用的价值，影响最大功能的发挥。

1. 概念图（Concept Map）

1984 年，美国康奈尔大学的约瑟夫·诺瓦克（Joseph Novak）和鲍勃·高恩（Bob Gowin）在著作《学会学习》中提出了概念图的概念。概念图是用来讲解科学程序，说明概念之间的顺序和关系的工具。它通常将某一主题的有关概念置于圆圈或方框之中，然后用连线将相关的概念和命题连接，连线上标明两个概念之间的意义关系。概念图的直接目的是用来表征知识，它将最具包容力的概念置于图的顶层，具体的实例置于底层，由高级到低级，有着明显的层次关系，而且概念之间的关系和定义必须严谨科学，不能自由畅想，如图2-9。

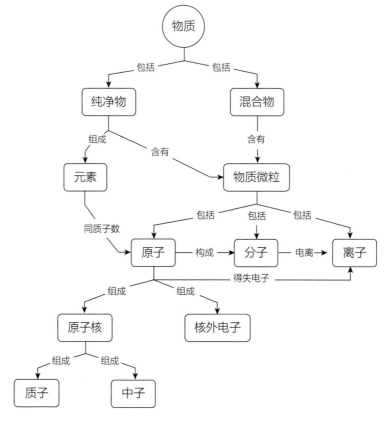

图2-9 概念图·物质的组成

思维导图的直接目的是激发和整理思考。其多彩多图的特点更具视觉冲击力，对大脑也更具吸引力。在进行思维的激发、整理等一般性工作、制定新战略及许多创造性的脑力活动时，思维导图是更合适和胜任的。

2. 聚类图（蜘蛛图）

1999 年，加布里埃尔·里科（Gabriele Rico）在著作《自然写作方法》中提出了聚类图的概念。它通常用于创造性写作和组织思考。聚类图的布局通常是高度结构化的，它把主要概念放在中间，然后把这个主题作为出发点，自由地联想可能多的观点，并把它们单独圈起来，再与中心相连，如图 2-10。

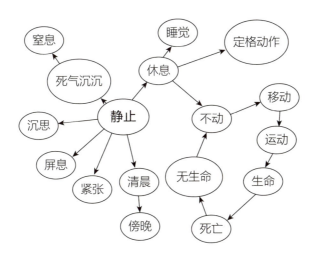

图 2-10　聚类图·写作构思

与思维导图不同的是，聚类图突出的作用是发散联想，但不注重归纳层次关系。它不使用或很少使用图像，而且"蜘蛛腿"通常是线性细长的，不是自然伸展、粗细不同的。

3. 思考图（Thinking Maps）

1988 年，美国思维教育家大卫·海勒（David Hyerle）博士研究提出了思考图的概念。它包括八种不同的图示，每一个图示都有自己特定的用途。由于使用者的理解不同，所以目前对于图示统称的翻译也不尽相同，"思考地图""思维流图""思维地图""八大图示"都是它的称呼。当然，也有人把它误称为"思维导图"。为了加以区别，这里暂时称之为"思考图"。

思考图主要有圆圈图、气泡图、双气泡图、括号图、树形图、流程图、复流程图、桥形图等八种类型，它们分别对应人在思考时的八种思维过程（见图2-11）。

图2-11 思考图

第五节

精英的国际舞台

拥抱你的"国际天才团队"

近年来,大量科学和心理学的研究证明,思维导图是一项极具多样性的思维工具,应用场景贯穿于认知、思考、应用、赋能、创造全过程,并辐射到教育、心理、科技、管理、医疗、体育以及工作、家庭、健康等各领域,适用于突破思维限制、职场的问题分析与解决、活动策划、新产品开发、头脑风暴、项目管理、任务管理、逻辑沟通、弹性沟通、信息整理、读书笔记、高效学习等各方面。

思维导图的伟大不仅属于创造者,更属于每一个人的眼睛和心灵。当它跨越年龄、跨越文化、跨越语言,以一种世界符号形式被广泛认可和传播,它在开启智慧的同时,逐渐升华为一种艺术形式、思维方式和价值观念,亦然成了一种新兴文化的象征。而在这种兼备着智慧、创造、拼搏、开放、多元的文化力量感染下,越来越多的精英强者凝聚在思维导图的"天才团队"中。下面提到的这些名字都是和我们并肩战斗并获得非凡成就的队友和团体,现在我们也欣喜地欢迎你的加入。

我们眼里的"聪明人"

美国副总统戈尔、印度总统莫迪、比尔·盖茨、史蒂夫·福布斯、沃伦·巴菲特、迈克尔·戴尔、李嘉诚等全球知名人士都是思维导图的使用者。

我们耳熟的"大公司"

美国宇航局、波音公司、通用汽车、IBM、惠普、英特尔、微软、甲骨文、英国石油、英国电信、迪士尼、强生、摩根大通 3M、施乐、高盛、大英百科全书等全球知名企业都在广泛使用博赞先生的学习工具和方法。

我们向往的"名大学"

牛津大学、剑桥大学、哈佛大学、加利福尼亚大学伯克利分校、斯坦福大学、英国哥伦比亚大学、伦敦大学等全球著名大学都将东尼·博赞先生聘为客座教授。

倾听全世界的喝彩

如果给你一本 200 页的书，让你在 2 小时内读完并理解，然后用思维导图把知识结构和要点清晰地梳理出来，你会不会感到那是"学霸"才能拥有的神技？如果让你听一篇 4 000 余字的演讲，然后在 20 分钟内，凭借记忆把内容整理成思维导图画出来，你会不会觉得那是除非"天才"附体，否则不可能完成的任务？

其实，这些都只是思维导图使用者高阶层次的基本技能，也是思维导图精英对决的比赛项目，这些比赛项目来自国际专业的"世界思维导图锦标赛"（见图2-12）。

图2-12　第11届世界思维导图锦标赛

第1届正式的思维导图锦标赛诞生于1998年的英国，由博赞先生与雷蒙德·基恩爵士携手创立。经过二十多年的发展，现已成为国际公认的"脑力奥林匹克运动会"的主要赛事之一。2019年，第11届世界思维导图锦标赛全球总决赛○落户中国北京，来自中国、英国、法国、巴基斯坦、马来西亚等10个国家的200余名选手和72位国际裁判汇聚

○　第11届世界思维导图锦标赛全球总决赛，于2019年11月29日在北京·人民大学隆重举办，梅艳艳作为全球首位世界思维导图锦标赛女性执行主席，全权筹办组织赛事活动。

脑力运动思维殿堂，成为大赛有史以来，参赛国家和人数最多、执裁权威性和规格标准最高，最具历史重大意义的一次盛会，也成为脑力思维运动的一次重要的里程碑和历史转折点。

世界思维导图锦标赛由世界思维导图理事会（WMMC）负责组织。中国参赛选手经过城市赛、国家赛的层层选拔后，最终遴选出的成绩优异者可参加全球总决赛。锦标赛比赛项目分别为"听记、阅读、自由创作"三方面内容，全面考评选手的综合学习能力和思维导图应用水准。

项目一：听讲记录思维导图

重点考察选手对听觉信息的接收、组织和输出能力。参赛选手将会聆听一段 25~30 分钟的讲座内容。听讲过程中，选手用思维导图进行笔记速记，随后笔记上交。20 分钟内，选手再次凭记忆将讲座内容绘制成思维导图成稿。最后，国际裁判综合评定笔记和成稿最终成绩。

项目二：阅读分析思维导图

重点考察选手快速阅读和理解能力。参赛选手现场对一本 200 页的文字材料或书籍进行阅读，随即用思维导图进行快速阅读分析。2 小时 15 分钟内，完成阅读并根据全文内容整理绘制思维导图。

项目三：自由创作思维导图

综合考察选手的知识底蕴和独创能力。组委会现场命题，参赛选手随意发挥，根据自己的思路临场发挥、即兴创作，在规定时间内上交作品。

最终，各个项目的前三名以及总分前三名，将获得国际认证的证书及荣誉奖杯。

第三章

开启绘图的入门密钥:"2345"

一幅真正的思维导图,是由非线性的自然流动、丰富色彩的视觉冲击、形式多样的图像展现等必不可缺的要素综合构成的。它不仅是思维的语言,更是独特的艺术表现,而其强大的要义也非仅在高效学习上的作用,最为重要的是它具有开启大脑潜能的巨大力量。

第一节

2 项绘制工具

对于初学者,手绘思维导图要用到的工具非常简单,就是能随手拿出的"白纸"和"彩笔"。但如果你想让自己的作品更能体现出你的"艺术家"气质,或者是为了参加"世界思维导图锦标赛"作准备,那你则需要升级一下你的"装备"了。

白纸

绘制一般的思维导图,通常选用普通白纸即可。

(1) 白色的 A4、A3 纸或者马克笔专用纸均可。

(2) 不建议使用笔记纸、格子纸或是其他带有线条、格子的纸张。因为思维导图是通过丰富的线条表达逻辑关系,绘图纸自带条纹或底纹,会与思维导图的线条交错叠加,从而产生视觉干扰,阻碍思绪的流动。

(3) 绘制时,最理想的方式是将纸张横放。如此不仅能更好地适应眼睛的视幅,有利于视野的开阔,还能确保有足够的空间去延伸、增添多级层次的相关内容。

彩笔

在日常绘图时,可以使用多色水彩笔、彩铅或者多色圆珠笔进行初级思维导图的绘制,但如果你想让你的作品呈现出更强的色彩感和视觉效果,充分地展现你"艺术家"的气质,可以使用更加专业的绘图用笔。

1. **硬头马克笔**:主要用于绘制中心图和大面积上色。

(1)油性马克笔:笔迹易干、耐水、耐光性好,颜色多次叠加后过渡自然、色泽柔和且不伤纸。

(2)水性马克笔(图3-1):笔迹颜色亮丽、笔触清晰,颜色多次叠加后色彩变浑浊,色彩稳固性较好,不易变色。

图3-1 水性马克笔

2.**软尖马克笔**（图3-2）：主要用于绘制主干和支干线条。

图3-2 软尖马克笔

3.**纤维笔**（图3-3）：主要用于插图上色和书写关键词。

图3-3 纤维笔

4. 针管笔（图3-4）：用于图像局部细节或手绘图勾勒。

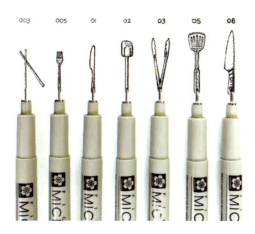

图3-4　针管笔

5. 彩色铅笔（图3-5）：主要用于快速绘图以及画面的补色。

图3-5　彩色铅笔

6.多色圆珠笔（图3-6）：主要用于构思草图，或在需要即时快速绘图的场合使用。

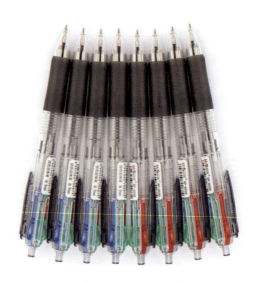

图3-6　多色圆珠笔

对于各种彩笔的选择性使用，我们可以看图3-7中的用笔示范。

（1）中心图：使用针管笔勾线后，再用马克笔大面积涂色。

（2）主干和分支：使用软尖马克笔画线。

（3）关键词：使用纤维笔书写。

（4）插图：使用针管笔勾线后，再用纤维笔上色。

第三章
开启绘图的入门密钥:"2345"

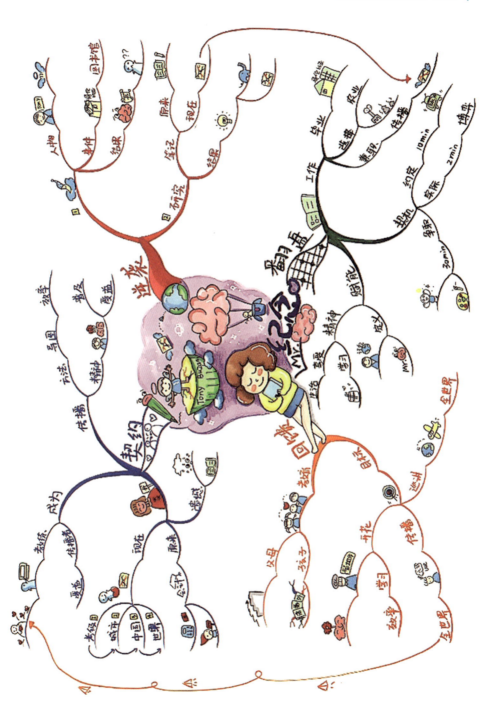

图3-7 用笔示范

第二节

3大结构主件

――――

思维导图的基本结构由中心图、主干和分支三部分组成，它们就像运行"思维导图"这台机器的主控构件，按照大脑思维独有的形态特点，联结形成思维导图的结构主体。中心图以最显著的图像特征表达最核心的思想内涵，主干以同级分类形式呈现最主要的逻辑关系与宏观归纳，支干以逐级递进的层次细化，承载最具体的图文信息和内容概要。有时为了概括，把主干和支干合称为分支。

中心图

中心图是思维导图的核心图像，代表探究对象的中心主题。中心图所呈现的内容，可以是作者将研究主题转化为直抒胸臆的写实图像，也可以是作者为表现主题深层次内涵形成的艺术化表达。它既可以简约直观，又可以寓意无穷。

关键要点：

（1）中心图位于纸张中心位置。

（2）图画大小约为一拳，约占纸张的 1/9～1/6。

（3）颜色采用三种以上，以暖色、亮色、高饱和颜色为佳。

（4）图文并茂，点明主题，醒目直观。

主干

主干是对探究主题整体内容做出的概括分类，从中心图出发，以放射形态向四周延展，每一条都代表一个与中心主题紧密相关的内容，每条主干和所有连接的支干构成一个意义相对完整的知识组块。

关键要点：

（1）与中心图相连接。

（2）一类一色、异类异色，用不同的颜色呈现不同的分类内容。

（3）由粗到细形似牛角的双线条图形，也可以是反映内容的创意图案。

（4）主干数量尽量控制在七个以内。

支干

支干是各个主干内容的层次细化和逻辑递进，连接主干并向各自方向发散，每一条支干都是关键词的载体。

关键要点：

（1）分支为自然弯曲的单条弧线，不是曲线。

（2）长度尽量与写在上面的图文长度一致。

（3）一线一词，关键词在分支上方书写并保持适当间距。

第三节
4 个核心要素

颜色

"一幅没有颜色的思维导图不是一幅真正的思维导图,因为色彩赋予了思维导图生命。"这是博赞先生对于颜色意义的评定。

在思维导图中,色彩的运用能够使颜色不同的分支从周围背景中脱颖而出,产生"孤立效应",使注意力聚焦。同时,颜色与人的右脑关联,而文字与支配理性的左脑相关联,颜色和文字的结合促使左右脑同时工作,进而激发记忆力和创造力。最重要的是,颜色蕴含的情感、象征及延伸性,赋予了思维导图人性化的表情和生命的意义。直接给予人们丰富细腻的主观感受,更能唤起心灵感触。高级的色彩运用还能产生与听觉、味觉、嗅觉的相互作用,呈现出无法用语言表达的"通感"体悟之美。这种"通感"则是评价思维导图和其绘制者境界和素养的最高标准。

图像

思维导图中的图像有三种呈现形式，即中心图、小图标，以及主干的艺术化转换图示。它们是具象的视觉元素，可以将抽象概念、复杂信息、逻辑关系等内涵要义进行直观表达，进而促进观点的阐明，辅助解析和思考。

古往今来，图像在人类历史发展中一直扮演着极其重要的角色，从上古时期结绳而治，到符号刻记的演变，人类可以用最简单的一个结、一个符号来记忆生活要事、记载文明更迭，可见图像对于认知形成的重大意义。与文字不同，图像可以超越语言交流的限制，并且以更大的视觉冲击力激活大脑，产生丰富的关联和想象，并且激励左右脑协同作用。

线条

思维导图的第三个核心要素是线条，主要用于主干和支干的形态表现，如果不同分支间存在着某种关系，也可以采用连线（虚线）来表示联系。思维导图借鉴了神经元、大树、叶脉等这些自然结构的灵感和呈现效果，开创性地采用流动的、形状可变的曲线来表现结构与内容之间的相互关联，这种灵动的形式比直线对大脑更具有吸引力。

思维导图的每个线条都代表着大脑思考的一条路径，中间不能间断。就像神经元集合一样，传递着信息流，这些信息通过分支级联的结构来表达信息间的层次关系，将所有信息分门别类、次第分明地定位在放射性的网状结构上，不仅逻辑清晰，而且辨识度极高。

关键词

博赞先生称："关键词或关键图像是刺激大脑和开启记忆之梦的一个至关重要的激发器，是挑选出来或创造出来的特殊词语，是你希望记住的重要事物的独特参照点。"所以，它是大脑内部信息提取时的搜索引擎，也是记忆的关键所在。

关键词是承载语段核心信息的载体，是通过对语段内容的总结，提炼出能表达完整语义的一个词或字。它能够概括文章主旨、揭示文章中心、展示文章脉络、标示句段关系，对于加深内容的理解与唤起大脑的精准回忆有很大的帮助。

第四节
5 类必修秘技

让色彩绽放情感

色彩无处不在，它们以神奇的力量把大自然装扮得千姿百态、丰富多彩，虽然色彩本身的呈现仅是一种物理现象，但我们却能切实感受到它们的情感。我们生活在这个色彩斑斓的世界中，经年累月地积累了大量的视觉经验，每当视觉经验与色彩刺激发生呼应时，就会自然而然地引发心理上特定的情绪，这些主观感受让抽象色彩具备了生命的意义，无论是哪一种颜色，它们都拥有属于自己的表情特征。

一、冷暖色

心理学家根据颜色对心理产生的影响效果的不同，把颜色分为两大类：一类称为暖色，如红、橙、黄色，它们常常使人联想到旭日东升或火焰燃烧的情景，给人以兴奋、热烈、辉煌的感觉，令人感到温暖；另一类是冷色，如青、绿、蓝色，它们常常使人联想到大海、晴空、阴影等景象，给人以娴雅、清静的感觉，同时也会令人感受到寒冷。如图

3-8所示。因此,凡是带红、橙、黄的色调都具有暖感,凡是带蓝、青的色调都具有冷感。即便是相同的图案,如果采用冷暖不同的色调着色,就会产生不同的感觉如图3-9所示。

图3-8　冷暖色区分　　　　图3-9　冷暖色效果对比

二、对比色

色彩的冷暖感觉是相对的,除红色与蓝色是色彩冷暖的两个极端外,其他许多色彩的冷暖感觉都是相对存在的。近代著名色彩学大师约翰斯·伊登(Johannes Itten)在所著的《色彩论》中描绘了"十二色相环",它以三原色(红、黄、蓝)为基础色相,然后两两混合成二次色(橙、绿、紫)、三次色(橙黄、橙红、紫红、蓝紫、蓝绿、黄绿),这十二个颜色按照光谱的排列顺序圈成环状体,形成十二色相环(图3-10)。分别位于十二色相环直径对立两端的两个颜色互称为"对比色"。在思维导图各分支(主干+支干)之间的色彩使用中,运用冷暖对比色是表现色彩效果的重要手段,也是赋予色彩表现力和视觉冲击力的重要方法。参照十二色相环，将相近的两种颜色搭配使用，可以呈现画面的层次感和渐变的效果。

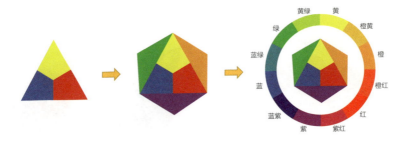

图 3-10　十二色相环

三、思维导图色彩运用规则

1. 绘图常用颜色

（1）基础色——黑色。

（2）三组对比色——红绿、橙蓝、黄紫。

（3）黄色补充色——褐色。由于黄色是高亮色，直接使用黄色时色彩感不明显，所以可以和褐色一起搭配使用。

2. 绘图用色规则

（1）三色以上：中心图要使用三种以上的颜色，最好使用红、黄、蓝三原色。

（2）同支同色：一条分支（主干和延伸的支干）构成相对完整的知识模块，因此要使用相同颜色。支干上的关键词可以与承载的线条同色，或者整幅图的关键字全部用黑色书写也可以。

（3）专色专意：相邻的分支之间，可以用对比色进行间隔，这样便于区分信息类别。颜色的选择尽量是情感、内涵能够和表达内容相对应的色调，见表3–1。

（4）跳色区分：插图的颜色尽量使用跳色，与所在线条、关键词的颜色有所区别，达到醒目突出、激发想象、增强记忆的作用。

色彩对应的情感及应用，可参看表3–1。

表3–1 色彩对应的情感及应用

性质	色彩		代表情感	应用主题
对比色	●	红色	欢愉、兴奋、害羞、冲动	温暖、热烈、爱情、力量、吉祥、喜庆、警告、禁止
	●	绿色	轻松、积极、安定、怜悯	自然、安静、清新、茂盛、生命、成长、和平、环保
	●	橙色	自信、快乐、幸福、刺激	健康、和睦、成熟、收获、富足、华丽、炽热、冒险
	●	蓝色	自由、冷静、深沉、理智	宁静、安详、清凉、睿智、博大、广阔、科技、海天
	●	黄色	渴望、向往、骄傲、烦躁	光明、希望、可爱、幼稚、智慧、权贵、财富、辉煌
	●	紫色	神秘、虔诚、忧郁、消极	梦幻、优雅、华贵、幽婉、韵味、疏离、冷漠、残酷
基础色	●	黑色		用于勾线、补色和文字书写
补充色	●	褐色		作为黄色的补充色

让图像放飞想象

爱因斯坦说过:"想象力比知识更重要。知识有限,想象力却能遨游整个世界。"

联想思维是无穷无尽的,赋予了想象的事物会变得生动形象,更易让人理解与接受。在绘制思维导图过程中,我们要充分发挥想象的创造性,把接受的信息和产生的想法转化成视觉图像。这些信息大致可以分为两类:一类属于大脑可直接成像的信息。此类信息有现实参照物,诸如"花鸟鱼虫、山川湖海"这些反映生物、景物、物品等具体实物的信息。绘图时,只要借鉴其现实形象就能临摹出相应的"象形图"。另一类是需要联想加工才能生成图像的抽象信息。这些信息是类似"理论""主义""思想"等抽象概念和思维创想,需要通过天马行空、脑洞大开的畅想,最后把想象和创意具象化为会意图。对于这两类信息,图像化处理的方式也各有不同。

一、象形图

象形图是指与关键词相搭配,提示其重要内容的图画。最简单快捷的绘制办法就是以"简笔画 + 辅助元素"方式表达,既能提升画图效率,还能体现趣味和创意,形成一幅风格独特的思维导图。

1. 基本形状

我们身边所有的图形都是由基本形状组成的,如果我们想快速绘制一些简单图像,那么只要会画点、线、面就够了。

点:圆点、方点、沙子点、水滴点、十字点、米字点等。

线:直线、折线、弧线、波浪线、锯齿线、弹簧线等。

面:三角形、方形、圆形等。

利用基本图形,简单几笔就可以快速画出一个图像,然后再涂上颜色,就完成了,见图3-11。

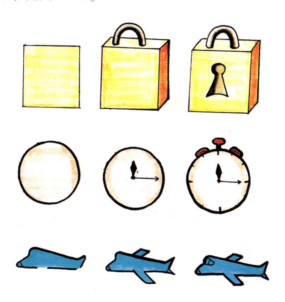

图3-11 简单图像画法示例

2. 基本图形+突出特征

任何事物都有属于自己的特征,只要找到这些突出特征,再用简单的基本图形进行绘制,就能笔随思动,画出想要的图案,而且还能让看图者一目了然。

比如在图3-12中,三种动物的头部、耳朵、眼睛都一模一样,只要加上不一样的鼻子,就马上变成三种不同的动物。在这里,各个动物的鼻子形态就是突出特征。

图3-12 图形+特征示例1

又如图3-13中的三个人有同样一张圆形的脸,只要让他们戴上不同的帽子,画上不同的胡子,就可以表示为不同国家的人。戴斗笠、山羊胡可以表示为中国人,戴软帽、翘胡须可以表示为德国人,戴礼帽、络腮胡可以表示为美国人。

图3-13 图形+特征示例2

加入突出特征便能创造全新的图像,这样画起图来不但省力而且快速。更重要的是,记忆功能的强弱,很多时候取决于对事物特征识别的程度。知道这个原理以后,只要将构图的重点放在对特征的把握上,就能快速画出自己想要又能让别人理解的图案。

让我们来做个练习，以一个三角形为基础，充分发挥想象，试着找出各种动物不同的特征，看看能画出什么来。图 3 - 14 为可画出的部分动物图案。

图 3 - 14　图形 + 特征示例 3

我们再来做个练习，用不同的基础图形，试着找出一种动物的特征，看看能画出哪些不同的形态。

我们可以运用"特征法"激发大脑产生无穷的创意，突破固有的既定认知，打破思维框架，创造出属于自己的创意图像。图 3 - 15 所示的一组图是 5 岁小朋友根据想象画出来的鱼。小朋友在不同的基础图形上加上了不同形态的鱼的特征——鱼尾和鱼鳍，就创作出了各种形态的鱼。更有趣的是，为了区分"性别"，她还加上了自己独特的想法，为"女孩鱼"画上了睫毛和蝴蝶结。

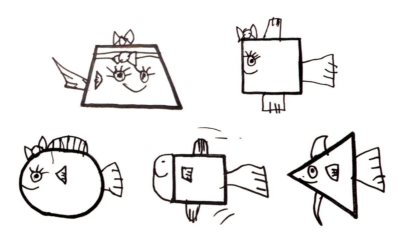

图 3-15 马敬颐（5 岁）绘

3. 基本图形 + 拟人元素

让所有的图像都以人物的形象出现，是不是马上感觉到了所有物品的生命活力，如此既能充分表达情绪又充满了故事性，而且能够极大地调动起人们探寻与其关联内容的积极性。

比如，加上表情（图 3-16）。

图 3-16 图形拟人化示例 1

再如，加上四肢（图 3-17）。

图 3-17　图形拟人化示例 2

4. 基本图形 + 花纹

为简单图案加上各式各样的花纹。试着运用不同的纹理变化，比如点、星星、曲线、斜线等等，不但可以增加美感，还能通过细节区分内容，更主要的是突出了图案的个性特质和独创性，见图 3-18。

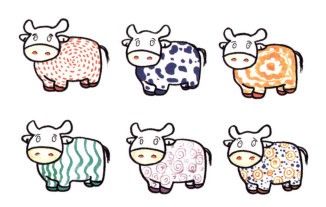

图 3-18　图形 + 花纹示例

二、意象图

1. 替代出图法

（1）文字符号化。符号是指在日常生活中约定俗成或习以为常的惯用标识。当它出现时，不用解释，人们也明白它要表达的意思。比如图3-19中所示的一些常见符号。

类似的符号还有："。"代表结束，"※"代表重点，"↑"代表上升，"@"代表互联网，"∞"代表无穷等。

图3-19 文字符号化示例

（2）文字代码化。代码是指用来替代一些抽象词汇的具有象征意义的图形，它们通常用来表达特定的含义。这些代码能够迅速明了地让人们联想到相应的内涵。比如：玫瑰花代表爱情，鸽子代表和平，地球代表世界，奖杯代表冠军，天平代表公平，法槌代表权威，书本代表知识等。比如图3-20中所示的常见图形。

第三章
开启绘图的入门密钥:"2345"

图 3-20 文字代码化示例

下面,我们用两幅思维导图来作示例。

如图 3-21 中的支干插图,作者大量采用了代码和符号,让整幅图多彩有趣,吸引力和可读性极强。在图 3-22 中,作者采用代码来描绘万物生长的过程,即便没有文字,读者也能清晰地明白作者要表达的意思。

思维导图高效学习法
Efficient Learning Method of Mind Map

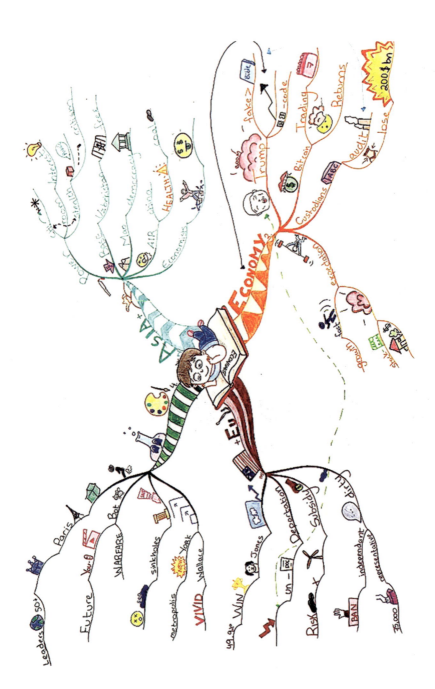

图3-21 替代出图法示例1（第11届世界思维导图锦标赛参赛作品）

图3-22 替代出图法示例2（第11届世界思维导图锦标赛参赛作品）

（3）文字形象化。文字形象化是指为文字赋予特定的形象，通过增加颜色、表情、阴影、情节等写实元素，将形象的图像和文字融为一体，直观地表达抽象词汇相应的含义。

① 汉字形象化表现方法。如果词汇是简单笔画的文字，可以试着直接加入特征图像，通过创意形象突出词汇含义，比如：

如图 3-23 中用 ○ 圈出的"文史"和"金星"两个词汇，就采用了形象化的表现方法。

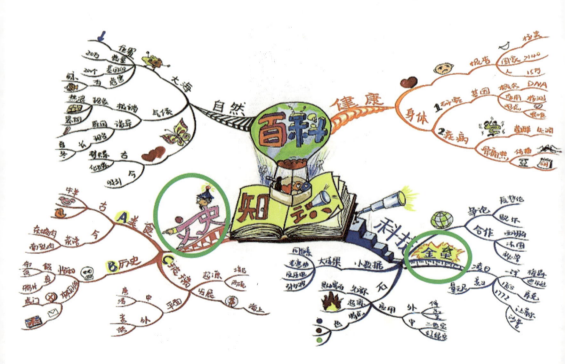

图 3-23　文字形象化示例（第 11 届世界思维导图锦标赛参赛作品）

② 单词形象化表现方法。如果要表现的词汇较为抽象且笔画复杂，不易出图更不便于书写，那么可以用简单的英文单词转化为会意图像，通过增加符号、代码以及故事性的趣味元素，表现抽象词汇的内涵。

比如，增加情节（如图3-24），多用于支干插图。

图3-24　单词形象化示例1

又如，增加故事性（见图3-25），多用于中心图。

图3-25　单词形象化示例2

再如，图3-26中用 ○ 圈出的单词，就是采用了单词形象化的表现手法。

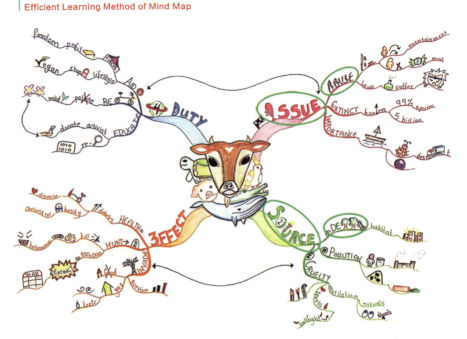

图 3-26 单词形象化示例（第 11 届世界思维导图锦标赛参赛作品）

2. 谐音出图法

谐音出图法是指用与抽象词读音相同或相近的形象词来替代抽象词，再把形象词转化为图像的方法。思维导图绘制中常用的一般有等置谐音、倒字谐音、增减字谐音三种转化方法。

（1）等置谐音。例如：实践（时间）、本质（本子）、贸易（毛衣）、简单（煎蛋），见图 3-27。

图 3-27 谐音出图示例 1

(2)倒字谐音。例如：规律（绿龟）、升华（花生）、精神（深井），见图3-28。

图3-28　谐音出图示例2

(3)增减字谐音。例如：说明（说明书）、信用（信用卡）、方向（方向盘）、金融危机（金鸡），见图3-29。

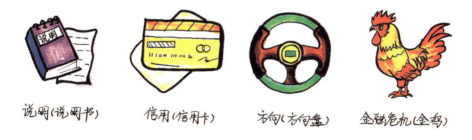

图3-29　谐音出图示例3

让线条展现灵动

当原始人最早用石块和树枝在地上和洞壁上随意画出一些线的痕迹时，他们就发现了线条的表达功能，其结果是他们那些原始的情感就在那些画中流泻出来。例如，约15 000年前的西班牙阿尔泰米拉石窟壁画，以及一两万年前的法国拉斯科洞窟壁画和新石器时期的彩陶纹样，都是以线条表现出来的。儿童涂鸦阶段的第一笔绘画也是用线条表现的。所以，线条是最原始、最朴实、最直接的艺术语言，它是人们认识和反映自然形态最简明的表现形式。对比直线来说，大脑更喜欢曲线，因为它充满生命的灵动。它有属于自己的一种生命力和表现力，饱含自己的个性特征，启发着我们无限的遐想。

一、线条的区分

1. 主干

主干是承载最主要分类标题的载体，所以必须清晰、醒目。主干与中心图相连，从中心向外延展，仿佛灵感从头脑里流泻而出，双曲线构成的主干自然蜿蜒，由粗转细，汇至一点，如同最终的思绪交集、智慧凝练。

2. 支干

支干是主干标题之下各级关键词的载体，它与主干连贯相承，由一条条单曲线绵亘延续，级级相继。

3. 连接线

如果不同分支间存在着某种关系，就采用连线和箭头的方式引导视线、建立联系，这也往往被视为创造性思维的体现。连接线也可以像图像一样，灵活采用能激发想象力的曲线、螺旋、环状、链子等图形，而且箭头的大小、形状、维度也可以多变，并可以分出多个指向，连接不同分支，见图3-30、图3-31。

第三章
开启绘图的入门密钥:"2345"

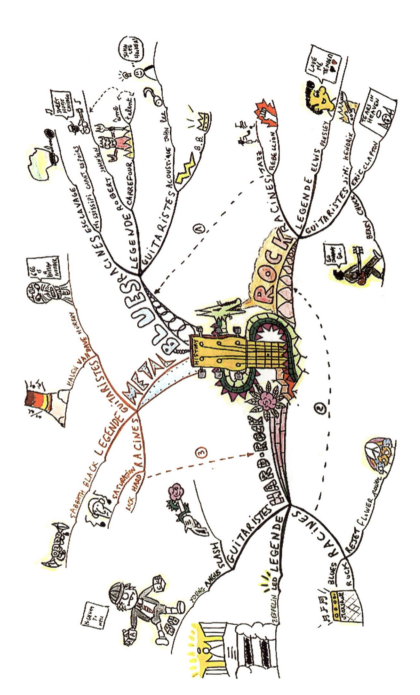

图3-30 线条示例1(第11届世界思维导图锦标赛参赛作品)

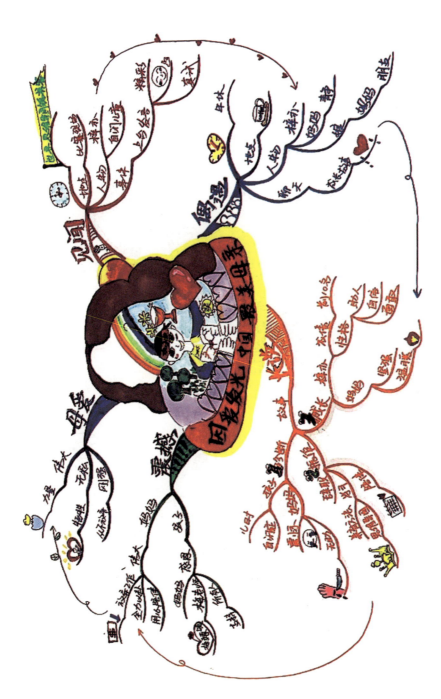

图3-31 线条示例2（第11届世界思维导图锦标赛参赛作品）

二、线条的画法

1. 由粗到细

线条代表大脑思维的流向,通过线条粗细的变化可以清晰地分辨出思路的细化和层级变化。除了主干本身是由粗到细的样式,其余所有支干最好也依照层级递减的次序,逐级由粗到细描绘。

2. 自然弯曲

直线看起来比较死板,会让人产生烦躁的感觉。而自然的、波浪式的流动样式的线条不仅可以增强视觉吸引力,而且每一条分支具有各自的形态,更容易激发起回忆。同时,使用曲线能更有效地利用纸上的空间,可以让我们的眼睛感受到线条及内容的视觉节奏,而不易造成大脑的视觉疲劳。

3. 保持连续

中心图、主干、支干之间必须紧密相连,连接处不能断开。如果连线之间不衔接,那么在回忆的时候,思维也会跟着"断掉",从而导致记忆的断层。

4. 与关键词等长

线条的长度,应尽量保持与线上关键词或图像的长度相当,这样能使思维导图看起来更紧凑和美观。线条太短显得过于拥挤,太长则浪费空间。

5. 布局美观

思维导图的布局主要由线条的位置决定，构图过程中分支之间一定要有合适的间隔。一来可以让思维导图看起来清爽清晰、结构合理，二来可以在日后继续添加新的信息，三来视觉上越美观，你就越有可能领会其中的信息。

三、线条的呈现

为了突出主题的一级分支，主干线条的绘制通常比较多样，一般可分为三种样式：通用样式、纹理样式、艺术化样式。通用样式是纯色或渐变色填充（见图3-32）。纹理样式以各种线条或纹理来填充（见图3-33）。艺术化样式则以艺术化的图像来表示（见图3-34）。

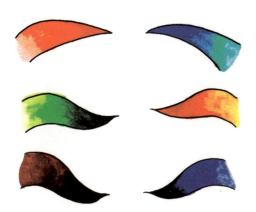

图3-32 主干的通用样式

第三章
开启绘图的入门密钥:"2345"

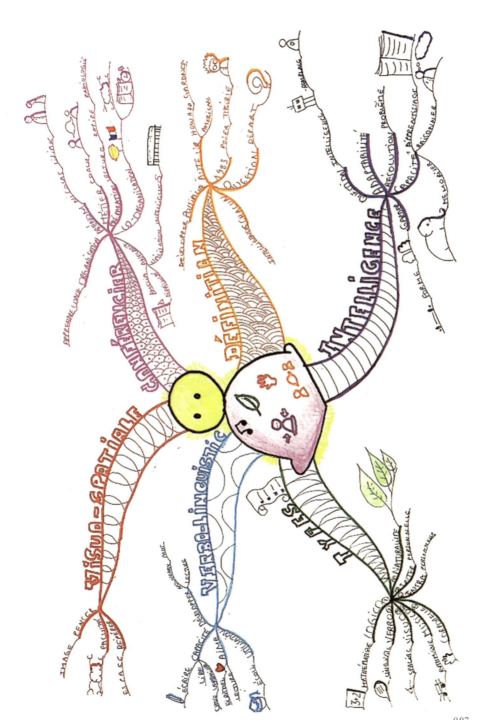

图3-33 主干的纹理样式(第11届世界思维导图锦标赛参赛作品)

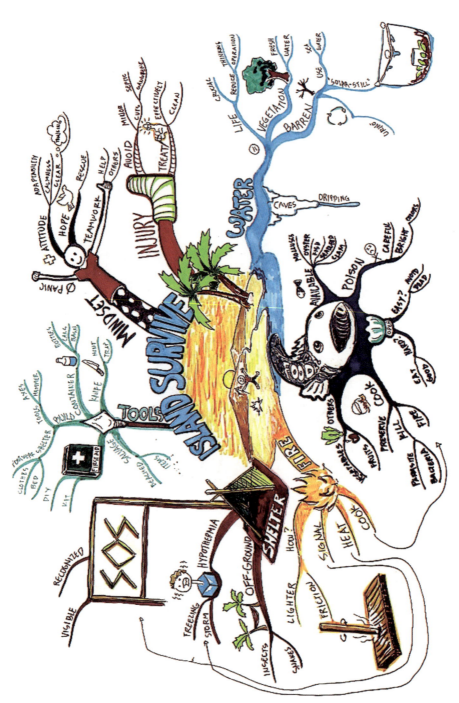

图3-34 主干的艺术化样式（第11届世界思维导图锦标赛参赛作品）

让关键词破解迷局

"关键词"在许多外文语境里的含义为"词语之匙"（keyword），这个钥匙的使命就是帮助人们解锁词句，引导破解文字的迷局。掌握快速提取关键词方法，就好比拥有了福尔摩斯强大的洞察分析能力，能够在海量繁杂的文字信息中找到具有重要价值的线索，然后逐渐将一条条线索汇织成一张信息网，在最终的指向中推理揭示出文章蕴涵的奥秘和真相。

对于初学者来说，正确而精准地提炼关键词是一个很大的挑战，很多人常常会因此半途而废，放弃思维导图。这恰恰暴露出一个问题，那就是你最薄弱的地方是缺乏概括凝练的能力。所以，我们必须勇敢地战胜它，而不是永远躲着它。其实，只要掌握了提取的规律，确定关键词就会很轻松，福尔摩斯有一句名言，"只要假以时日，没有什么是不可以战胜的"。所以我们也可以把每一次的材料解析都当成有趣的探案，那么提炼关键词就像是通过寻找线索确定嫌疑人，一番抽丝剥茧之后就一定会发现"事实的真相"。下面就让我们开始一场"探案"之旅吧。

一、锁定关键词身份

当一起谜案出现在我们面前，首先要锁定一些"重点人"（如果你喜欢，完全可以叫它们"嫌疑人"）。这个过程很简单，因为只要能找到有"名字"和"作案动机"的对象（名字指名词、动机指动词），那么就可以确定它们"重点人"的备选身份了，其余的人（其他词性的词）就基本可以排除了，因为它们都是不那么重要的"跟班"或"陪衬"。找到初步"重点人"之后，再缩小范围，进一步筛选、核实和确认真正的"重点人"。但如果有时候有些"重点人"问题交代不清，那么它的跟班则也可以一起"抓"出来。下面我们就试试如何对它们的身份进行甄别。

（1）关键词（重点人）：一般情况以名词、动词为主，有时可以辅以必要的修饰词。通常表示人、事、时、地、物的名词，表示动作、行为、心理活动或情况变化的动词，都是比较重要和最容易记忆的信息，选择这些词作为关键词的概率较大。

（2）形容词（跟班）：表示人和事物的形状、性质或状态的词。除非特别重要，否则大多数情况下可以省去。

（3）虚词（陪衬）：副词、介词、连词、助词、叹词等都是起到辅助词意和语义的作用，基本都可以被省去。

　　　　　　　　　主　　　　谓　　　　宾
例1：饥寒交迫的小女孩满怀希望地点燃一根火柴。
　　　　　　　　名词　　　　动词　　动词

例1中的主语是"小女孩"，但这三个字中"女孩"是名词，"小"是形容词，所以"小"字可以省去。这位女孩在做什么呢？"满怀希望地点燃一根火柴"中，"点燃"是动词，不能省；"满怀希望地"形容动作的状态，可以省去；"火柴"是名词，不能省。这样拆解和分析后，最后提取的关键词就是：女孩、点燃、火柴，这三个关键词就可以概括语意了。

例2：<u>学者们</u>在一个年久失修的石窟里仔细<u>临摹</u>刻在石碑上的古人的<u>图腾</u>。

这个句子的主语是"学者们"；"一个"是量词，"年久失修的"是形容词，都可以省略，"石窟"是地点，是名词，可以保留；"仔细临摹"中"仔细"是形容动作的，可以省，"临摹"是动词，表示动作，不能省；"刻在石碑上的古人的图腾"，其中最重要的是"图腾"，前面的都是定语，都可以省去。

所以最简练的关键词提取就是：学者们、临摹、图腾。如果需要交代地点的话就是：学者们、石窟、临摹、图腾。如果还需要交代图腾的出处，那就是：学者们、石窟、临摹、石碑、图腾。

二、确定关键词原则

作为"重点人"（关键词），通常有着很强的隐蔽性，它们喜欢独来独往（一线一词）、一意孤行（一线一意）。但在"作案"时，又必须团队合作，而且分工明确，相互之间单线联系，逐级传递信息。所以只有把每个"重点人"传递的信息按顺序连缀起来，我们才能知道完整的意思（意思完整）。

1. 线段上的关键词

思维导图中关键词的提取要根据思维导图的性质决定，如果思维导图是用来引发思考、刺激想象、整理写作思路等用途，关键词的作用就是为了引发思维，就要坚持"一线一词"的原则；如果思维导图是用来做笔记、做规划、分析材料等用途，关键词的作用就是为了强化记忆，就要坚持"一线一意"的原则。

（1）一线一词。即每条线段上只有一个关键词，它可以是一个字、一个词或是一个成语，如果语段中没有合适的词，也可以自己概括。关键词一般不能是短语或句子，因为不利于思维的进一步发散和拓展。例如"学"字，当这个字作为主题或线段上的关键词时，大脑就会接续展开发散思考，随之"学"的各项内容就会源源不断地涌现出来，比如学英语、学钢琴、学国学等等，见图3-35。但是，如果直接写的是短语"学英语"，那么思维也就到此为止了。

图3-35 一线一词示例

（2）一线一意。为了便于强化记忆，降低认知负荷，如果关键信息较长，但却是一个独立的意义单元，如特殊用语、公式、对联等，那也可以整体引用，见图3-36。

图3-36 一线一意示例

2. 分支上的关键词

我们知道分支包括主干和支干，这两部分上面的关键词也略有一些不同。

（1）**意思完整**。主干和支干的关键词连起来必须能表达完整的意思，并且准确反映原语段的中心内容。如果选取的关键词过于精简，容易让人在理解上产生疑惑或误解，还会给以后的读图和记忆带来障碍，而这样的话就违背了高效学习的初衷。比如下面这样一组关键词：

期末、成绩、20 分

这一组关键词表达的信息就非常模糊，到底是期末获得的成绩就是 20 分？还是提升或者下降了 20 分？让人不明就里。出现这种问题的原因在于提炼关键词时省略了关键的动词，导致意思无法被完整地表述。所以一般在提取关键词后，可以将所有关键词连贯起来，看是否能还原成完整的句子，并准确表达原义。实际应用中，如何提炼和精简关键词最有效，还要结合学习者自身对知识背景的了解程度来把握，只要便于理解、记忆就行。

（2）**由大到小**。一般情况下主干上的关键词字号略大，支干上的关键词字号稍小，最佳的书写方式是字号逐级递减，这样容易区分主次，使层级逻辑更加清晰。但平时书写时，如果字号不便于逐级递减，就统一将支干的关键词小于主干的关键词即可。

（3）**从左到右**。由于各支干是从中心图右侧开始成顺时针排序，所以左右支干的线条走向不一致。但这不影响关键词书写的顺序，无论是左右哪一侧的支干，关键词都要按从左到右的方向书写。

关键词书写具体可参考图 3-37。

第三章
开启绘图的入门密钥:"2345"

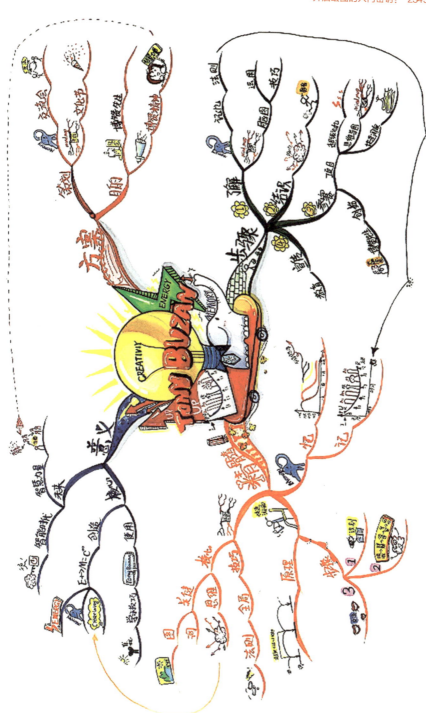

图3-37 关键词书写示例(第11届世界思维导图锦标赛参赛作品)

三、提炼关键词技巧

通过上文的分析，我们已经对"重点人"（即关键词）的身份和特性有所了解，为了能够更快找出它们，通常可以采用以下三条经验。

第一条是先划分层次。就是在"探案"（提炼关键词）前，要先把现场（文章）分成几个区域（分层），然后再在各个区域里仔细寻找线索，就像分别在现场房屋内的客厅、卧室、厨房、餐厅等各个房间里逐步排查一样，这样便于按层次进行细化分析，快速锁定"重点人"。这个方法叫作"层次法"。

第二条是要重点检查现场的出入口（首末句）。通常最重要的"中心线索"都比较容易留在入口（首句）和出口（末句）的地方。这个方法叫作"中心句法"。

第三条是重点筛查重要线索。即看看有没有留下与When（时间）、Where（地点）、Who（人物）、What（事件）、Why（目的）、How（做法）、How much（程度）等相关的重要线索。这个方法叫作"5W2H法"。

下面就让我们一同走进"探案"现场去看一看吧。

1. 层次法

让我们由浅入深，先到的第一现场用"层次法"小试牛刀。层次法比较简单，一般可以先按照标点符号的变化将文章进行拆分，之后再进行层次的概括，感觉需要合并的内容可以合并成一个层次，感觉还需要继续拆分的可以再次细化分层。

例1：

漓江的水真静啊，静得让你感觉不到它在流动；漓江的水真清啊，清得可以看见江底的沙石；漓江的水真绿啊，绿得仿佛那是一块无瑕的翡翠。

分析例1，我们可以轻松地把这一小段文字划分为三部分，这三部分是并列结构，即：

第一层：漓江——静——不流；
第二层：漓江——清——见沙石；
第三层：漓江——绿——像翡翠。

"关键词"已经找出，我们按照它们的重要程度，把"漓江"确定为主题词，然后再确定以下各级的关键词后，绘制成图，见图3-38。

图3-38 提炼关键词层次法示例

2. 中心句法

这次让我们再试试查找"中心线索"（中心句）的办法。中心线索一般经常出现在案发现场的"入口"或"出口",即有些语段的开头或结尾就是中心句,它们或提起下文,或总结上文,或承上启下,我们可以从这些句子中,找到能够概括或总结整个语段内容的关键词。

例2:

我看见过波澜壮阔的大海,欣赏过水平如镜的西湖,却从没看见过漓江这样的水。漓江的水真静啊,静得让你感觉不到它在流动;漓江的水真清啊,清得可以看见江底的沙石;漓江的水真绿啊,绿得仿佛那是一块无瑕的翡翠。船桨激起的微波扩散出一道道水纹,才让你感觉到船在前进,岸在后移。

首先用"层次法"划分层次,然后用"中心句法"重点分析首尾两句。不难看出,第一句话"我看见……这样的水"是采用对比的方式入题,用一个"水"字引出下文,所以它是本段的中心句,划分为第一层;中间的三个排比句,划分为第二层,之后依然用"层次法"继续将其细化为"静""清""绿"三层;最后一句"船桨激起……岸在后移"写感受,呼应上文的排比内容,视为总结句,划分为第三层。依据层次划分,提炼出中心句中的"水"为主题词,并确定以下几级的关键词。各级的关键词可以从原文中提取,也可以自己归纳,之后绘制成图,见图3-39。

第一层:对比。大海——波澜壮阔;西湖——水平如镜。

第二层:水。写漓江的特色,即例1内容。

第三层:感受。船——前进;岸——后移。

图3-39 提炼关键词中心句法+层次法示例

3. 5W2H法

提炼与When（时间）、Where（地点）、Who（人物）、What（事件）、Why（目的）、How（做法）、How much（程度）等有关的重要线索。通常情况下，并不是所有的文章都会涵盖这七条线索，所以我们只要尽可能地筛选查找即可。

例3：

人们都说："桂林山水甲天下。"我们荡舟漓江，来观赏桂林的山水。

我看见过波澜壮阔的大海，欣赏过水平如镜的西湖，却从没看见过漓江这样的水。漓江的水真静啊，静得让你感觉不到它在流动；漓江的水真清啊，清得可以看见江底的沙石；漓江的水真绿啊，绿得仿佛那是一块无瑕的翡翠。船桨激起的微波扩散出一道道水纹，才让你感觉到船在前进，岸在后移。

分析文章第一段，即可找出5W2H中的几个相关线索，如：地点——桂林；人物——我们；事件——观赏；目的——见证桂林山水的"甲天下"；做法——荡舟。因为文章没有体现"时间"和"程度"的内容，所以我们只把能找到的列出来就可以了。由于地点"桂林"代表性较强，所以可以把它重新概括成"桂林山水"，并确定为主题词。然后继续分析其他几个词，其中"我们"意义不大，可以省略。确定好其他各级关键词后，绘制成图，见图3-40。

图3-40 提炼关键词5W2H法示例

最后，我们用以上三种方法分析一下整篇文章，试着找出关键词，绘制成思维导图，图3-41为参考图。提炼关键词没有标准答案，每个人都可以按照自己的分析进行归纳整理，只要便于你自己理解记忆就行。

例4：

人们都说："桂林山水甲天下。"我们荡舟漓江，来观赏桂林的山水。

我看见过波澜壮阔的大海，欣赏过水平如镜的西湖，却从没看见过漓江这样的水。漓江的水真静啊，静得让你感觉不到它在流动；漓江的水真清啊，清得可以看见江底的沙石；漓江的水真绿啊，绿得仿佛那是一块无瑕的翡翠。船桨激起的微波扩散出一道道水纹，才让你感觉到船在前进，岸在后移。

我攀登过峰峦雄伟的泰山，游览过红叶似火的香山，却从没看见过桂林这一带的山。桂林的山真奇啊，一座座拔地而起，各不相连，像老人，像巨象，像骆驼，奇峰罗列，形态万千；桂林的山真秀啊，像翠绿的屏障，像新生的竹笋，色彩明丽，倒映水中；桂林的山真险啊，危峰兀立，怪石嶙峋，好像一不小心就会栽倒下来。

这样的山围绕着这样的水，这样的水倒映着这样的山，再加上空中云雾迷蒙，山间绿树红花，江上竹筏小舟，让你感到像是走进了连绵不断的画卷，真是"舟行碧波上，人在画中游"。

图 3-41 提炼关键词技巧综合示例

让感官触动心灵

"在日常经验里,视觉、听觉、触觉、嗅觉等等往往可以彼此打通或交通,眼、耳、鼻、身等各个官能的领域可以不分界限。颜色似乎会有温度,声音似乎会有形象,冷暖似乎会有重量。"这是钱钟书对于感官互通的描述,这种感官之间的交互现象,心理学称之为"通感"。

画家抑或诗人,常常会有感于生活中的某一事物,产生触类旁通、由此及彼的联想,进而丰富自己所感悟的形象,并用独有的艺术语言将其表现在文艺作品中。欣赏者在品味的过程中观其色、闻其味、听其声、会其意，受之感染进而生成临其境、触其冷暖、感其哀乐等心理上的感受。这种多方沟通、浮想联翩的艺术感受使通感语言的表达更为深刻、丰富。

在创作思维导图的时候，当作者运用五官的感受选词作画，辅以动感加强情意表达，源于不同感官的感觉印象产生互补、交融的作用时，通感的表现就得以形成、直抵心灵，这是思维导图艺术表现的最高境界。充分发挥"通感"效应，由通感塑造出的形象将唤起欣赏者的再造性想象，从而激发更加深刻的意象感知和情绪共鸣。当欣赏者在通感的引发下，敞开自己的感官，不断激活、调动、汇聚以往无尽的感知积累，实现与创作者要表达的意图和情感相互交融，就能使心灵获得一种新形象、新情绪、新感受，最终将以一种崭新的视角来感知思维导图的内涵。

德国美学家罗伯特·费歇尔所言："各个感官不是孤立的，它们是一个感官的分支，多少能够互相代替。一个感官响了，另一个感官作为回应，作为和声，作为看不见的象征，也就起了共鸣。"而这种感官之间的共鸣、绘者和赏者的共鸣，都在作品的意象图式和隐喻模式中传递产生。

在下面这幅介绍我个人的思维导图作品（图3-42）中，中心图以古色古香的中式窗棂衬托出作者的名字，明义中华传人的家国情怀和文化传承的矢志向往。外方内圆、方圆相济是为人之本，"方"为省思做人当恪守规矩礼法，"圆"为谨修处事应守持敬慎内敛。窗棂内嵌的结构形状以"思维导图"（左上）和"大脑"（右上）的形态隐显，抒发了事业赓续鼎新的执着之心。通过窗心，可以看到无边的原野和静远的天空，表达了对思维导图的智慧之花盛世绽放、源远流长的美好愿景。

主干中,盛开的梅花为本人名字的意向,蓝色的运用展现静笃、理性的性格;羽翅微振的翔鸟为承担精神的写照,虽有似飞燕轻盈之纤巧,但也怀凭风而上的激昂与坚毅;对侧与之相呼应的是慈师博赞先生极喜的蝴蝶,它是高雅文化的象征,体现了升华的精神风貌,蝴蝶轻舞、展望卓越,振动的翅膀高扬着信念的力量。蝴蝶与翔鸟左右绽开,就像一对期冀的翅膀,承载着火热的激情与热爱,内蕴着淡泊与执着,迸发着博大与力量,满怀着憧憬与信仰,托举着无限希望在澎湃飞腾中响亮歌唱。

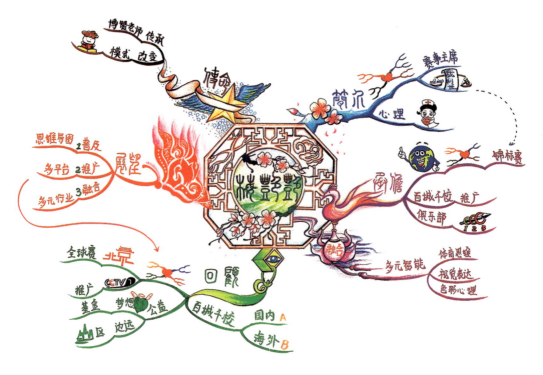

图3-42 通感表现示例

第四章

学习应用的精要字诀："透、构、理"

美国罗耀拉大学的安东尼·J·门托与霍普金斯大学的帕特里克·马蒂内利教授曾称赞:"思维导图是一项提高创造力和生产力的技巧,它能提高个人和组织的学习效率。它是用文字抓住灵感和洞察力的一套革命性方法。"

第一节

思维导图学习应用的策略

———

回想一下学生每天必经的学习过程：课堂上，匆忙地记录着老师的板书和"敲黑板"时说的每一句话，生怕遗漏掉重要信息，可笔下的速度总是会拖延脑子的思路，你的反应永远都跟不上老师的语速，"慢半拍"成了打不破的魔咒；复习时，密密麻麻的课堂笔记被翻来覆去，可却总是无法一下找到所需的知识点，好不容易找到了，又想不起来当时老师的讲解内容和情景，就在这反复的查找和回忆中，"磨洋工"成了家长经常的"爆点"和学生最无奈的烦恼；预习时，课文看了几遍，相关知识收集了许多，可第二天老师课上一提问，还是不敢举手回答，预习过的内容就像穿了"隐形衣"，在记忆中忽隐忽现，零散又模糊，"无用功"成了辛苦预习后的一声叹息；考试时，一些似曾相识的题目总会成为我们悲喜交加的"痛点"，印象中老师讲过、自己做过，可题目稍加改动，就又无法在记忆中找到相对应的知识点和解题思路，只能模棱两可地连猜带蒙，"撞大运"成了确定最终答案的重要技巧。

接下来就让我们运用思维导图有效解决上述问题吧。

"捏柿子"：从最简单的入手

思维导图改善学习的第一条策略，就是"柿子要找软的捏"。道理浅显易懂，就是凡事先从简单的入手，从易到难，先把基础打牢，然后才能一步步缩短与目标的距离。

如果现在的学习进度跟不上，那就要先确定自己的知识断层在哪里，然后从断层处开始起步补习，而不是把精力全放在眼前的知识上。这就好比"挑柿子"，把不熟的和半生不熟的存放起来，先找软柿子吃，等软柿子都吃完了，半熟的也就熟透了，再吃完这一批，原本的生柿子也都熟了。假如一上来挑的就是青涩生硬、没熟的"柿子"，不但会打消你学习的积极性，而且还白白浪费了大量时间。学习如此、复习如此、解题更是如此，如果眼前学习的知识点没有理解，就先搞懂这个知识点的基本原理；如果原理通了但还不会解题，那就是关联的知识点没有掌握，需要重新梳理知识体系，然后看看整条知识脉络上，哪里有断点。比如，发现解斜三角形不懂，就要回头看看正弦、余弦定理会不会。如果不会，就退回到和与差的三角函数。如果还不清楚，再回到任意角的三角函数。如果还有问题，就回到初中的简单三角函数。一直退到自己真正完全理解的知识点上，从这里起步重新开始，然后再按照下文的步骤进行。这样，努力和付出才会收到等值的回报。

"吃甘蔗"：透彻理解知识点

　　思维导图改善学习的第二条策略，就是"吃甘蔗"。

　　"吃甘蔗"的首要之处在于"透彻"，要咀嚼得通通透透、彻彻底底，这样才有滋味。课堂上老师讲的知识点一定要理解得通透，真正明白它的内涵、由来，如果有含糊，日后必然会产生知识的断层，结果就是还得返回到"捏柿子"的环节重新来过。想做到透彻理解，只要把课堂笔记重新整理成思维导图就可以，最好的方式是先按照讲义或参考书，梳理出重、难点和其他相关联的知识要点，然后再重新整理，绘制成自己的"知识点思维导图"。

　　"吃甘蔗"的第二要点是"一节一节吃"，即每天的知识点或课堂笔记要用思维导图进行整理，然后每周还要再绘制出本周所学知识的思维导图，这样既是复习也是整理知识脉络。大家不要嫌麻烦，如果按照花费时间的比重，画图的时间与再看一遍书或做几道题的时间其实是差不多的，但记忆效果却要强出好几倍。

　　"吃甘蔗"的第三要点是"倒吃甘蔗"。这里有个典故：晋朝的著名画家顾恺之喜欢吃甘蔗，但每次都是从不甜的地方吃起，最后才吃最甜的部分，他说："这样吃才能渐至佳境呀！"学习亦是如此。不要想着一步到位，只有前面基础打好了，后面才能越学越轻松。回顾一下前面"爱德华·休斯"的故事[一]，思维导图一幅一幅做，甘蔗一口一口

　　[一] 见第一章第三节。

吃，这样才能"渐渐进入美好的状态"。如果只是图省事，想直接绘制一周知识的思维导图，结果一定会因为要点繁多、关系繁杂而不知从何下笔，最后导致丧失信心、半途而废。而"倒吃甘蔗"也是呼应了从简单入手的"捏柿子"要义。

"摘葡萄"：系统构建知识体系

思维导图改善学习的第三条策略，就是"摘葡萄"。日常生活中，我们无论是摘葡萄还是买葡萄，都是要一串一串地拿，如果把葡萄一粒粒地摘下，则极易破损、腐坏，储存不了多久。我们的记忆功能也如同"摘葡萄"一样，越是成串的、关联的、成体系的知识就越容易记得牢，而零散的、孤立的知识虽然内容不多，却反倒特别容易遗忘。所以，在学习进行了一个阶段后，就要将每周绘制的思维导图整合到一起，形成"知识体系思维导图"，这样才能理清各知识点之间的关系，建立完整的知识体系脉络图，准确把握和记忆所有的知识要点以及内在规律。

认知科学家阿特·格雷泽曾做过一个实验：安排一些人去对小烤箱、圆筒状门锁和洗碗机三样家庭用品进行研究，再假设这三样用品发生了各式各样的"损坏"，然后提出"该如何维修"的问题。结果显示，一些平时对这些用品相对熟悉的人，在分析损坏原因时，提出的问题往往更为准确，这是因为他们了解物品各部件的内在关联和相互作用，所以能够轻易找到它们不能工作的原因。这个过程和我们解题的道理一样，当你头脑中有一幅知识体系图，就会轻松地分析出题目要考查的知识点，以及与之相关联的其他知识内容，解题的思路就会清晰呈现。

最后，绘制完成知识体系图后一定要及时回顾，尝试只看中心主题，逐级去回想所有的分支，直至想起所有内容为止。如此反复，只要每天、每周、每月有规律地坚持下来，时间不会太久，最长不超过一个学期的时间，你的成绩将实现质的飞跃。

"换时间"：先做最重要的事

随着年级升高，学习任务也会越来越重，大部分学生每天基本都在满负荷或者超负荷地学习，而成绩落后的同学想要多挤出一些时间，去完成额外的学习计划，似乎根本没有可能。所以按照现在学校课业安排和学生其他课外辅导的时间来看，想要"挤"出更多的学习时间似乎不太现实，而最好的策略则是"换"时间。

"换时间"策略就是把耗费时间较长且效率较低的事情换掉，将节约下来的时间用来完成自己制定的"思维导图学习计划"。比如在所有科目的家庭作业中，数学的应用难题应该是最耗费时间的，一般情况下解题能力好的学生用在解决一道数学难题上的时间只需5到10分钟就够了，而解题能力差一点的学生将会用上约30分钟甚至更长时间，而更糟糕的情况是即便绞尽脑汁也得不出结果，那么我们就可以采取"换时间"的策略。

首先，用"捏柿子"的方法，在晚自习时先集中精力把数学作业中适合自己水平的题目都做完并且做通，然后再及时向老师或同学请教剩

第四章
学习应用的精要字诀:"透、构、理"

下的难题,力争在学校时就把数学作业全部做完。回家后,快速完成其他科目的作业,然后再逐步实施"吃甘蔗""摘葡萄"的步骤。如此,放弃那些不适合自己的难度大、效率低的几道题之后,每天就能换出部分时间,用这部分时间完成重点复习科目的"思维导图学习计划",就可以在短期内快速提升成绩,之后再用同样的步骤和方法解决其他需要提升的科目,这样的方法应该是更合理、更有成效的学习安排。

学习是一个系统工程,虽然各个年级的知识结构不同,文理科的特点也不一样,但只要掌握了学习的原理和方法,学习就会变得轻松。比如理科侧重逻辑,各科内部的知识点之间都有一定的关联,而所有的高阶知识也都是在基础知识上演化得来的,所以只要把各知识点的内在规律搞懂,一级级拾阶而上,学习效率就会大大提升。文科重在积累,主要考查学生的人文素养、价值观念、意识映射等方面,所以要强化日常知识的记忆、理解和创造性思维的培养。但无论哪个学科、哪个阶段,思维导图都能起到极大的助力作用。

任何学习过程,从宏观上看,都要经过学习、复习、解题的三个阶段,这三个阶段只要对应按照"透"、"构"、"理"三个字展开学习,然后再遵循思维导图学习应用的三个步骤,按部就班地做就可以了。

思维导图学习应用的步骤和大脑思考的过程极为相似:第一步,理解信息、找到特点;第二步,关联相关信息、整理思路;第三步,形成方案、绘制导图。回想一下大脑思考的过程:先接收基本信息,提取信息特征;再唤起关联记忆,分析整理思路;最后判断评估可行性,下达决策指令。二者基本一致。

为了便于不同层级的学生都能够更好地学习理解,下文选取了各年级、各学科的不同案例对思维导图在学习各阶段的应用进行阐释。

第二节
学习阶段"透"字诀

"透"就是要透彻地把握知识点。知识点是学习的基础,仿佛是建筑中的沙子和方砖,而思维导图就是钢筋和水泥,它可以积沙成塔,搭建起坚实牢固的知识大厦。按照思维导图的学习策略,掌握知识点的核心策略是"吃甘蔗",即透彻理解。所以这个过程千万不要嫌麻烦,如果这一步就不求甚解,那么以后浪费在重新查缺补漏上的时间将更多,而且还会为后续的进阶学习设下障碍。

如何才算"透彻理解"?我们以高中语文、初中数学、小学英语的知识为例来进行讲解。

语文:诗词记忆

以高中语文教材中的《沁园春·长沙》为例。

沁园春·长沙

独立寒秋,湘江北去,橘子洲头。

> 看万山红遍，层林尽染；漫江碧透，百舸争流。
> 鹰击长空，鱼翔浅底，万类霜天竞自由。
> 怅寥廓，问苍茫大地，谁主沉浮？
> 携来百侣曾游，忆往昔峥嵘岁月稠。
> 恰同学少年，风华正茂；书生意气，挥斥方遒。
> 指点江山，激扬文字，粪土当年万户侯。
> 曾记否，到中流击水，浪遏飞舟？

第一步，理解信息，找到特点。 首先理解诗词大意，然后找特点。根据特点划分层次、提取关键词。

诗词大意如下：

深秋季节，我独自站立在橘子洲头，望着滔滔的湘水向北奔流。

万千山峰全都变成了红色，层层树林好像染过颜色一样；江水清澈澄碧，一艘艘大船乘风破浪，争先恐后。鹰在广阔的天空里飞，鱼在清澈的水里游，万物都在秋光中竞相自由地生活。

面对广阔的宇宙惆怅感慨：这旷远苍茫大地的盛衰沉浮，该由谁来主宰呢？

我和我的同学曾经经常携手结伴来到这里漫游，一起商讨国家大事，那无数不平凡的岁月至今还萦绕在我的心头。同学们正值青春年少，风华正茂；大家意气奔放，劲头正足。评论国家大事，写出这些激浊扬清的文章，把当时那些军阀官僚看得如同粪土。

可曾还记得，那时的我们横渡大江，到江中间水深流急的地方游泳，那激起的浪花几乎挡住了疾驰而来的行船？

通过全文解析,可以看出这首词分为上、下阕。上阕重点描绘了一幅湘江寒秋图;下阕回忆过往,着重抒情。接下来按照便于自己记忆的方式划分层次,并提炼出关键词。不要害怕关键词找得不准,只要是能便于你记忆的就好,之后还会根据绘图思路进行概括或调整。

第一层,点明三要素:人物、时间、地点——自己(独立)、秋天(寒秋)、湘江橘子洲头。

第二层,赏景抒情。一个"看"字,总领七句,描绘了一幅色彩绚丽的湘江秋景图。山上——万山红遍,层林尽染;江面——漫江碧透,百舸争流;天空——鹰击长空;水底——鱼翔浅底。作者远近相间、动静结合、对照鲜明地选择了几种典型景物进行描写,为下面的抒情提供了背景,烘托了气氛。然后,发出感慨——怅寥廓,问苍茫大地,谁主沉浮?

第三层,过渡句"携来百侣曾游,忆往昔峥嵘岁月稠"承上启下,其中"百侣"和第一句的"独立"相对应。接下来回忆过去:一个"恰"字,总领七句,一是形象地概括了早期雄姿英发的战斗风貌和豪迈气概,"同学少年,风华正茂;书生意气,挥斥方遒";二是回想了当时所做之事——"指点江山""粪土万户侯""中流击水"。最后"曾记否,到中流击水,浪遏飞舟?"以设问结尾的表达实际上是对"谁主沉浮"的巧妙回答:最终主宰国家命运的,将是以天下为己任,藐视反动统治者,敢于改造旧世界的革命青年。

为了便于记忆,可以将整首词简单总结为一句话:诗人独自到湘江,赏景、抒情、回忆了过去。根据这首词的本义,可以先画出内容草图(图 4-1)。

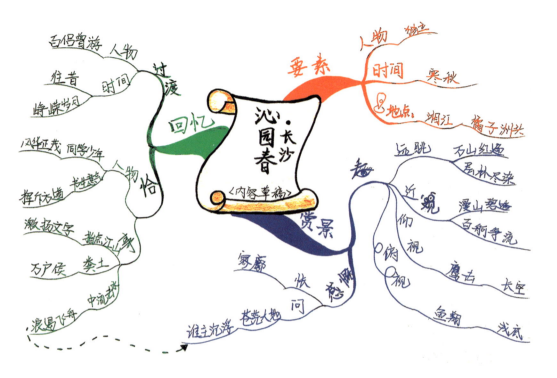

图 4-1 语文诗词记忆示例·内容草图

第二步，关联相关知识，整理思路。 根据学习重点，关联其他重要知识点和考点，然后整理绘制全图的思路。经过整理，相关知识要点如下：

1. 文学常识

（1）沁园春：词牌名，"沁园"为东汉明帝为女儿沁水公主修建的皇家园林，据《后汉书·窦宪传》记载，沁水公主的舅舅窦宪倚仗其妹贵为皇后之势，竟强夺公主园林，后人感叹其事，多在诗中咏之，渐成"沁园春"这一词牌。

（2）作者：毛泽东，字润之。马克思列宁主义者，中国无产阶级革命家、政治家、军事家，中华人民共和国和中国人民解放军的主要缔造者，伟大的革命领袖。

（3）背景：这首词写于1925年，当时革命运动正蓬勃发展，五卅运动和省港大罢工相继爆发，湖南、广东等地的农民运动日益高涨。毛泽东直接领导了湖南的农民运动，后遭通缉，军阀赵恒惕要逮捕毛泽东同志。在韶山共产党组织和人民群众的掩护下，毛泽东摆脱了追捕，经长沙等地去广州主持农民运动讲习所。在长沙，毛泽东重游了学生时代常游的岳麓山、橘子洲等地。

2. 写作手法

（1）意动用法：是一种特殊的动宾关系，指动词具有"认为/以为宾语怎么样"或"把宾语当作什么"的意思。有两种用法，即形容词的意动用法和名词的意动用法。这里"粪土当年万户侯"中的"粪土"属名词的意动用法，译作"把……看作粪土"。由此对应的是使动用法，一并整理记忆。

（2）使动用法：也是一种特殊的动宾关系，指动词具有"使宾语干什么（怎么样）"的意思。主要有四种用法：名词的使动用法、动词的使动用法、形容词的使动用法和数词的使动用法。比如"无丝竹之乱耳，无案牍之劳形"中的"乱"和"劳"，译作"使……乱"和"使……劳"。

（3）象征手法：如"中流击水，浪遏飞舟"，表达了一代革命青年以天下为己任的凌云壮志，以及在新时代的大潮里，乘风破浪，鼓桨前进，立志振兴中华的慷慨豪情。

3. 拓展提升

毛泽东"独立寒秋"的形象与柳宗元的《江雪》中"独钓寒江"的形象有什么不同？《江雪》是柳宗元政治革新失败后，被贬永州，身处逆境时所作，表现了诗人对恶势力不妥协的心志，两诗意境相似，然而士大夫与革命伟人的胸襟境界又不可相提并论。

第三步，形成方案，绘制导图。 根据上述内容，按照自己掌握的实际情况，整理必要知识，形成最终思维导图绘制方案，并完成绘制，例图可参看图4-2。

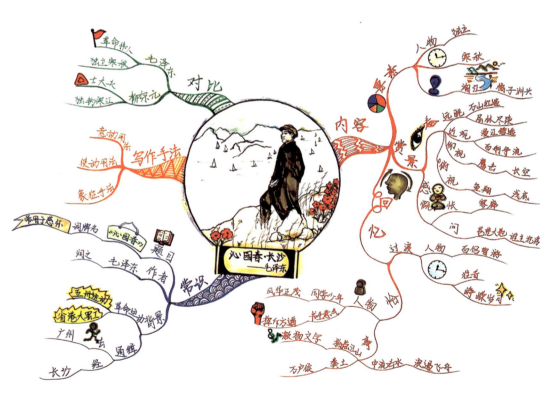

图4-2 语文诗词记忆示例·成图

数学：定理推导

以初中"全等三角形的判定"为例。

全等三角形是初中的知识点，但也是学习高中几何的基础和前提，如果初中基础没打好，没有彻底理解它的内在原理，很多几何题是做不了的。虽然我们会辅助一些记忆口诀，如：边边边、角角边、边边角等。但这样的记忆方法在短期内很有效，时间久了，记忆容易混淆，考试时也不能帮助我们清晰地组织解题思路。所以，只有真正透彻理解推导的基本原理，把握知识点之间的内在关系，才能真正掌握，学以致用。

第一步，理解信息，找到特点。 想要判定两个三角形是否全等，就要考虑到它们两个的对应边和对应角的关系，在这些边、角的所有对应方式中有这四种情况：两个三角形的三条边对应相等、三个角对应相等、两个角和一条边对应相等、两条边和一个角对应相等。下面就对这四种情况分别分析。

情况一：三条边对应相等。如果三条边都对应相等，那么两个三角形的形状一致，所以一定是全等。

情况二：三个角对应相等。虽然所有的对应角都相等，但有可能相对应的边长不一致，边的长短决定三角形的大小，所以这只能判定这两个三角形形状相似，不能判定全等。

情况三：两个角一个边相等。三角形内角和等于180°，已知两个角相等，另一个角一定相等。三个角相等，形状相似。另外再有一条边相等，可能出现两种情况，一种是对应相等的边所对应的角也相等，那么两个三角形全等；另一种是对应的相等的边所对应的角不相等，则两个三角形不全等。如图4-3，在△abc和△ABC中，∠a = ∠C，∠c = ∠A，ab = AB。虽然两个角和一条边对应相等，但ab对应的∠c与AB对应的∠C不相等，所以△abc和△ABC不全等。

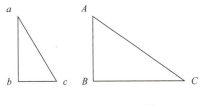

图4-3　情况三示例

情况四：两条边和一个角相等。分为三种情况。一种是两条边和这两条边的夹角对应相等，则两个三角形全等；另一种是两条边对应相等，对应相等的角不是夹角，但是直角，则两个三角形全等；最后一种是对应相等的角既

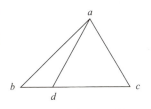

图4-4　情况四示例

不是夹角，也不是直角，则两个三角形不全等。如图4-4，在△abd和△abc中，ab = ab，ad = ac，∠b = ∠b。这两个三角形虽然有两条边和一个角相等，但相等的角不是夹角，所以不是全等三角形。

第二步，关联相关信息，整理思路。 由此，我们还可以用性质定理推出：全等三角形的对应边相等、对应角相等。

第三步，形成方案，绘制导图。 根据判定定理和性质定理的推导，再用思维导图整理知识点之间的关系（见图4-5）。这样对于全等三角形的知识就能牢固记忆，虽然这个过程似乎并不快捷，但对于知识点可以达到透彻地理解和记忆，不仅能够知道在什么题型中能用、在什么情

况下能用，而且还清楚知道为什么能用，以及为什么不能用，在解题过程中便可以信手拈来、应用自如了。这才是最有效率的提分秘籍。

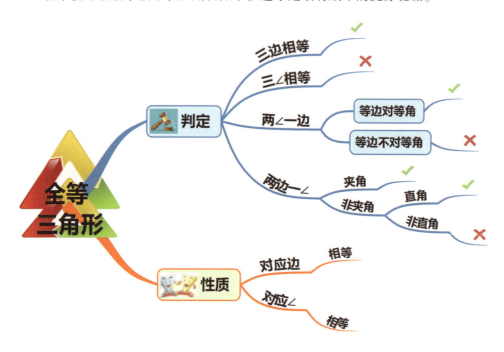

图 4-5　数学定理推导示例

英语：课文学习

以小学英语教材中的课文《He spent about twenty-one hours in space》为例。

He spent about twenty-one hours in space

My father, Yang Liwei, is a taikonaut, and he is very famous.

My mother and I went to the airport to meet my father. We were very happy. It was a great day! I was very proud of him. Now he still tells me about his space travel. I want to go into space someday too.

In October 2003, my father flew into space in Shenzhou V. He spent about twenty-one hours in space. He did a lot of work there. He also made a video in space. Then he came back to the earth.

第一步，理解信息，找到特点。

首先，翻译原文：

我的父亲杨利伟是一名宇航员，他非常有名。

我和妈妈去机场接我爸爸。我们非常高兴。这是不平凡的一天，我为他感到骄傲。至今他仍向我讲述他的太空旅行。我也想有一天能去太空。

2003年10月，我的父亲乘神舟五号飞入太空，他在太空中度过了大约21个小时。他在那里做了很多工作。他还在太空制作了一个视频。然后他回到了地球。

这篇课文的描述方式很简单，主题明确，层次清晰。文章可以分为三部分。第一部分是主人公的简介，主要介绍了故事主人公的姓名、职业和社会地位。第二部分讲的是父亲回到地球的情况。主要讲了父亲回到地球以后，妈妈和我去机场接机，我们的心情是怎样的，以及受到父亲的影响，我也有了一个去太空的梦想。第三部分讲的是父亲进入太空的经历，讲述了他进入太空的日期、待的时长以及在太空中做了什么事情。

第二步，关联相关信息，整理思路。

本文学习的重点为以下内容：

（1）重点词汇：spent about 是本文的重点词组。

（2）重点动词短语：be proud of 和 come back。

（3）动词过去式：go—went fly—flew come—came。

（4）介词 in 的用法。

第三步，形成方案，绘制导图。

结合文章结构，我们可以整理出有助于理解、背诵全文，突出重点词汇的思维导图，如图4-6。为了强化记忆，绘制思维导图时，我们可以在重点、易错和难理解的地方配上小插图，并进行突出标注。比如说，单词 spent 和词组 be proud of 是本课学习的重点，所以我们可以把单词 spent、proud 重点标注出来。

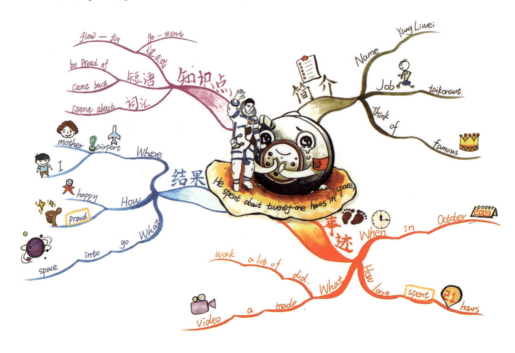

图4-6　英语课文学习示例

第三节

复习阶段"构"字诀

"构"就是指构建知识体系。这有什么益处呢?

让我们先看一组数据:高中一年级,一个学期要学习 11 个科目。以小科目的政治为例,人教版教材共有四本,涉及经济生活、政治生活、文化生活、生活与哲学四大领域,高考考纲所列考点 250 个,其中经济领域 81 个考点涉及 12 类专题,政治领域 49 个考点涉及 4 类专题,文化领域 41 个考点涉及 4 类专题,哲学领域 76 个考点涉及 4 类专题,此外还有时政内容。㊀

面对如此繁多的内容和考点,如果不能清晰地了解知识结构,准确地把握知识点之间的联系,那么,只靠死记硬背就想要覆盖所有的知识点是非常困难和煎熬的一个过程,而且面对综合分析的大题更是无法拿

㊀ 引自云南师范大学樊春燕的硕士研究生论文《"知识树"教学法在高中思想政治课教学中的运用研究》(2019.5,来源 http//www. moe. gov. cn/jyb_ xwfb/s5147/20181/t20180125_325498. html. 2018 - 01 - 25),原文作者注释为"2018 年教育改革发展主攻方向"。

到高分。可一旦懂得了如何构建知识体系，将会更高效、更深入、更轻松地掌握所学的一切。

李开复曾说过："善于学习的人大多有总结归纳的习惯。想有更深入的思考和理解，就要学会把看似分散的知识连成线、结成网，使学到的知识系统化、规律化、结构化。"思维导图的优势，就在于能够把零散的、碎片化的知识点重新整理成一个清晰明了的体系化图示，让学习者明白知识与知识之间、课与课之间、单元与单元之间，甚至是整本书内部结构之间暗隐的内在逻辑关系，然后实现系统记忆。这是一个循序渐进的过程，一般可以分为构建知识模块和构建知识体系两步。

第一步，构建知识模块。这是一个由小到大的过程，可以在每个周末和月末，把新学习的内容与以往学过的知识相结合，并按照知识点的类别进行归纳总结，形成一个专项知识点的集合，然后绘制出"知识模块思维导图"。

第二步，构建知识体系。这是一个由大到小的过程，即先对整个学科的知识结构有个宏观的概念，然后参照课本目录或者参考书的知识结构图表，自己绘制整本书的知识体系思维导图，绘制过程中要把分支内容重新归纳，对同一类知识点进行整理合并，之后再逐步细化。如果一些分支的知识点内容太多，为了防止思维导图太过杂乱，也可以另行绘制分导图进行详细梳理。这样才能做到脑中有图、胸有成竹。

下面我们以知识点最为繁杂和难以记忆的英语为例，进行讲解。

构建知识模块

在完成每天学习的基础上,学生最好每周对所有知识点进行系统回顾和整理。由简单入手,先把相关知识内容整体绘制成思维导图,如果纸张够大,导图内各分支的间距留白可以适当大一些,这样便于以后可以继续添加新的内容。

一、单词模块记忆

对于英语单词的记忆模块,思维导图可以按照三种方式进行归类整理,即场景归类、性质归类和词形归类。场景归类就是选择不同的环境、情形对单词进行归类记忆,如图4-7所示;性质归类就是按照单词的词性或属性进行归类记忆,如图4-8、图4-9所示;词形归类就

图4-7 场景归类·教室

是把拼写相似的单词进行归类，可以按照相同词根、词缀或者是易混淆的近似单词，如图4-10所示。

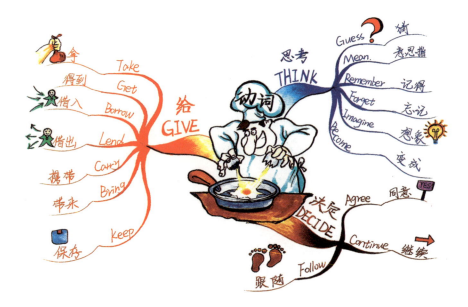

图4-8 性质归类·动词

图4-9 性质归类·形容词

第四章
学习应用的精要字诀:"透、构、理"

图 4-10 词性归类·词根

二、句子模块记忆

为了便于口语练习和句式应用,我们可以把课文或生活中常用的句式总结出来,按照自己的习惯绘制成思维导图,这样对于背诵和日常应用的效果都非常好,如图 4-11 所示。

图 4-11 学用句式·询问

思维导图高效学习
Efficient Learning Method of Mind Map

构建知识体系

无论哪一门学科、哪一类知识都是成系统、有体系的。如果把所学的知识整理成体系结构图，就仿佛在记忆里种下了一棵"知识树"——知识点就像树上的叶子，树枝就是知识点之间的内在联系，无数片叶子按规律、特点和树枝、树干连接在一起，形成了一个完整的知识体系结构。每当我们需要找到并提取相关知识内容时，只需抬头看看或低头回想，它会始终在那里，而不会如蒲公英一般漫天地飘忽飞散。

达·芬奇在铃声与石头入水的声音之间建立了联系，使他得出了声音以波的形式传播的结论。弗里德里希·凯库勒梦到一条蛇咬住了自己的尾巴，从而理解了苯分子的环状结构。塞缪尔·莫尔斯在设法制造出强大到足以越过大洲、大洋的电报信号却一筹莫展时，由更换马匹的驿站联想到了电报信号的中继站，从而想出了每隔一段距离就把电报信号放大的解决办法。为什么这些能够成就创世发明的"灵光"只"乍现"在那些特定的科学家的头脑里？因为无论是联想、直觉，还是启示，所有的"天才"思维都与创新者本身的知识准备有关。不要以为牛顿发现万有引力是"苹果"的功劳，如果没有相关研究的知识体系作储备，进而引发出"引力"概念的联想与思考，那么被苹果砸过之后，剩下的一定只是疼痛而已。

知识体系的梳理建立在以往"知识模块思维导图"的基础上。可以先将知识模块的内容进行整合分类，然后再规划制定"知识体系思维导图"整体结构的基本框架，最后再把重要的知识点添加到知识体系的框架中。如果某项分支的知识点非常多，我们也可以另外绘制一幅分支导图作为辅助。下文以英语语法的基础知识为例做出思维导图示范。

一、整理基本结构框架

对于数学、物理、化学、政治这些科目，在用思维导图整理知识体系的基本框架时，可以先依照课本的目录设计思维导图的初步结构，因为这些目录本身就是知识框架的体现。只是有一些科目会将非常重要或者难以理解的知识点，单独列为一节或一章进行重点讲解，遇到这种情况，只要按照自己的理解和知识点的包含关系重新调整结构设计就可以。对于语文、英语这样以课文形式讲解知识点的科目，我们可以在学习一段时间后，将每次整理的"知识模块思维导图"进行汇总，然后按知识分类重新整合知识结构。

以英语的语法为例，我们可以先把所有知识点详细梳理出来，然后按照主干、修饰名词、代名词、修饰动词等几大类别设计思维导图的分支层次，再把一些零散且重要的知识点单独列到"其他"的分支里，形成一幅英语语法知识的基本结构框架思维导图，如图4－12所示。

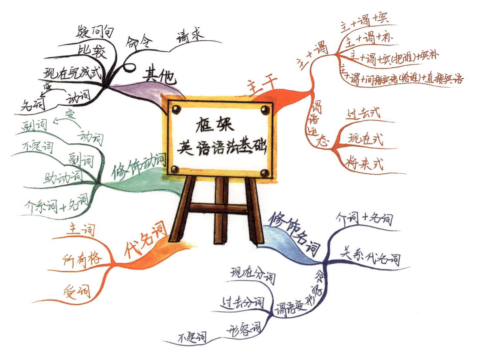

图 4-12　知识体系框架·基本框架

二、细化添加知识要点

在整理好思维导图的基础框架后，就可以添加具体的知识要点了，这个过程就好像是建一座房子，我们要先把房子的主体结构搭建好，然后再在每个房间里添置家具。在这个过程中，我们就可以对整个房子进行"装修"了，重新把它设计成自己喜欢的样子，这便是发挥自己的创造力，对完整的知识体系图进行美化绘制了，如图4-13所示。

如果某一个分支的内容太多，我们可以另外绘制一幅分支的辅助图。比如"英语语法基础"中的"其他"这个分支，我们可以单独绘制一幅思维导图，把其涵盖的具体内容详细地体现出来，如图4-14所示。

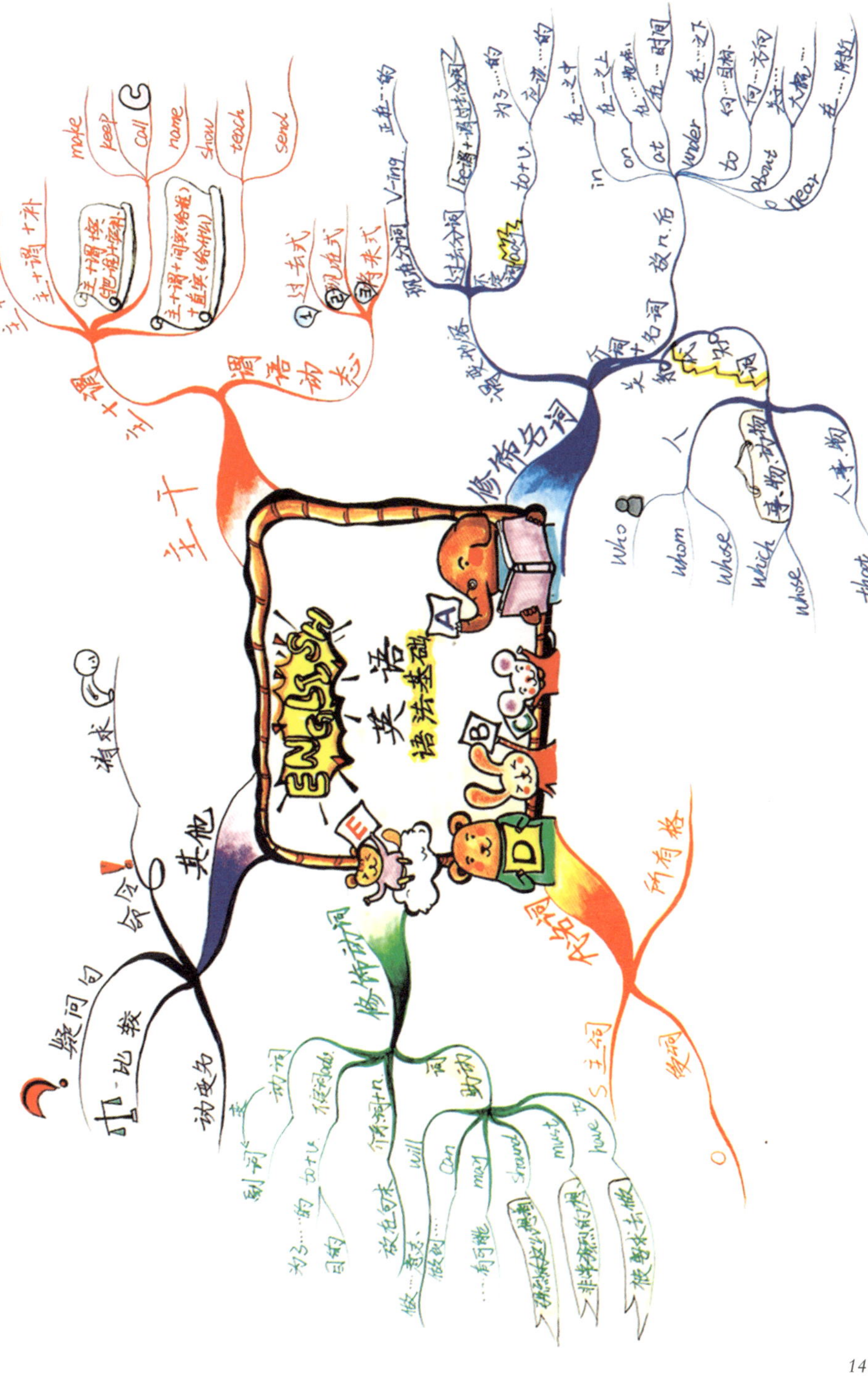

图4-13 知识体系框架·英语语法基础

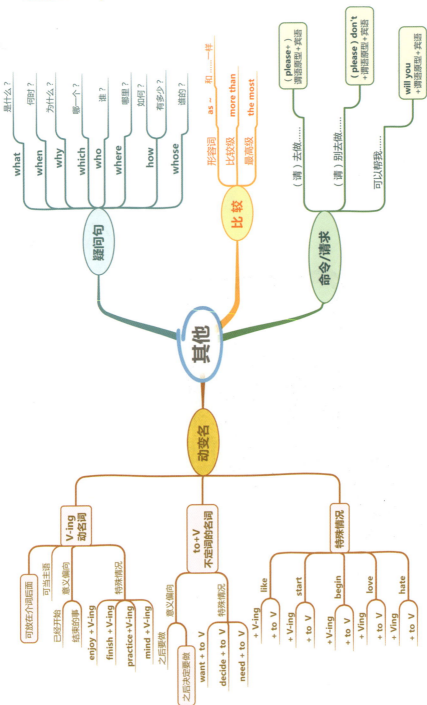

图4-14 知识体系框架·分支辅助图

第四节
解题阶段"理"字诀

"理"就是系统思考、理清解题思路。

在解题过程中,我们往往会遇到三种情况:一种是没有思路,就算绞尽脑汁,也不知道该从何着手;另一种是思路错误,方向错了,越走离正确答案越远;第三种是思路混乱,众多想法交织在一起,无法形成清晰准确的解题脉络。

这些情况出现的原因无非就两个:第一个原因是基础知识不扎实,根本不知道考的知识点是什么。解决这个问题最基本的方法就是回到上一阶段,利用"构"字诀好好把知识体系梳理建立起来,然后再进一步把含糊的知识点理解"透",这样做题才会有成效。

第二个原因是考点被出题人深深地隐藏起来,让你一时无法找到解题的关键。这种情况下我们必须要先列出题目所给的已知条件,然后展开联想,一步一步推导出条件和问题之间存在的各种可能性,寻找到彼此之间的联系,这样解题思路才会浮出水面,逐渐清晰。这个过程可以分为以下三步:

第一步,分析题目给出的已知条件。

第二步,展开联想,关联知识体系中相关知识点,一步步画出思路图。

第三步，通过思路图，找到题目条件与提出问题之间的联系，梳理出解题思路。

如果在日常做题时就能养成用思维导图梳理解题思路的习惯，那么我们很快就可以培养起系统思维的能力。平时多运用思维导图搭建知识体系和梳理思路，以后一看到题目就会在条件和题目的关联上展开联想，并能迅速筛选整理好思路。有了"理"的思维习惯和能力，考试时面对一些简单的题目，甚至不用动笔，解题的思路图也会自动浮现在脑海里。而相对复杂的题目，也只需简单勾勒出思维导图草稿，解题步骤也会随之一目了然。

下面，我们就选取作文写作、英文阅读和数学应用题三种类型的题目进行举例讲解。其中写作要侧重激发想象，理清创作思路；阅读要注重分析理解，理清研判思路；应用题要重点把握条件和问题，以及各知识点之间的逻辑关联，理清推导思路。

虽然各个学科的题目和解题方法都有不同的规律和特点，但大家只要牢记一点，思维导图注重的是培养思维能力，只要把基本的思考方式和解题规律熟练掌握了，那么以后面对文科、理科的各种题型，都可以举一反三、灵活运用了。

作文写作应用

以 2019 年高考全国卷 I 作文题为例。

第四章
学习应用的精要字诀:"透、构、理"

阅读下面的材料,根据要求写作。

"民生在勤,勤则不匮",劳动是财富的源泉,也是幸福的源泉。"夙兴夜寐,洒扫庭内",热爱劳动是中华民族的优秀传统,绵延至今。可是现实生活中,也有一些同学不理解劳动,不愿意劳动。有的说:"我们学习这么忙,劳动太占时间了!"有的说:"科技进步这么快,劳动的事,以后可以交给人工智能啊!"也有的说:"劳动这么苦、这么累,干吗非得自己干?花点儿钱让别人去做好了!"此外,我们身边也还有着一些不尊重劳动的现象。

这引起了人们的深思。

请结合材料内容,面向本校(统称"复兴中学")同学写一篇演讲稿,倡议大家"热爱劳动,从我做起",体现你的认识与思考,并提出希望与建议。

要求:自拟标题,自选角度,确定立意;不要套作,不得抄袭;不得泄露个人信息;不少于800字。

首先,分析材料内容,从中可以看出三层意思:

(1)材料对劳动持正向评价,并且指出劳动是财富和幸福的源泉,热爱劳动是中华民族的优秀传统。

(2)材料列举了不理解、不愿意劳动的几种表现,分别是认为劳动占用学习时间,劳动可以交给人工智能,劳动可以花钱让别人代劳。

(3)还有不尊重劳动的现象。

另外,从引导语和要求中我们可以明确以下限制条件:

(1)内容限制。引导语中"请结合材料内容"提醒考生必须以材料为基础展开联想和思考,脱离材料基础即为偏题或跑题。

（2）立意限制。题目要求考生倡议大家"热爱劳动，从我做起"，体现自己的认识与思考，并提出希望与建议。所以考生行文时不但要体现对传统劳动思想、劳动文化的肯定，还要体现对不尊重劳动现象的批评。

（3）价值取向限制。对于劳动的意义，材料中引用了两则名言予以肯定。"可是"后的内容是对"现实生活中""不理解""不愿意""不尊重"劳动的现象的否定，考生的价值取向不得与此相悖。

（4）写作对象限制。题目要求考生"面向本校同学"演讲，即写作时要有平等交流意识。演讲对象为"复兴中学"的在校学生，演讲内容可升华出"劳动"对民族、国家复兴的意义。

（5）体式限制。题目要求考生"写一篇演讲稿"，格式要规范，符合文体要求，语言风格也要与之相适应。

接下来，我们依据材料内容展开联想，看看都能想出什么。

（1）引文的出处："民生在勤，勤则不匮"是出自《左传》的名句，大意是人民的生计在于勤劳，勤劳就不会缺少衣食，强调人民的劳动是财富和幸福的源泉，两者紧密关联，即人民可以通过劳动获得物质生活和精神生活的需求。"夙兴夜寐，洒扫庭内"出自《诗经》，大意是人民很勤奋，早起晚睡，打扫屋里屋外，强调我国人民自古热爱劳动，绵延至今，已经成为中华民族的优秀传统。如果考试时知道引文的出处，可以在文中阐明，这样能体现出自身的文学素养，如果确实想不起来，那就直接表明是"古语"所言即可。

（2）文中给出了"不理解"劳动的反面例子，那怎么才算理解劳动呢？我们可以想想什么是劳动，比如体力劳动是劳动，脑力劳动也是劳动。通过劳动能想到哪些有代表性的人和名言，以及还能想到哪些事，譬如历史事件、身边事件、新闻事件等等。想到的人和事哪怕想不起具体的出处也不要紧，先全部列出来，之后再筛选。

通过这些，我们可以简单画一幅思维导图来启发联想，整理写作素材，如图4-15所示。

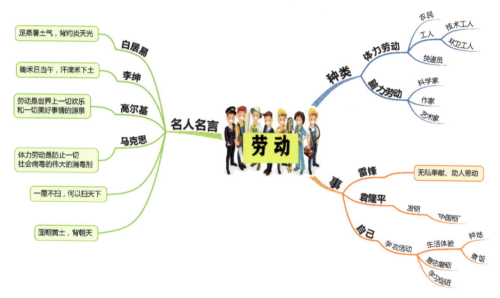

图4-15 素材联想示例

接下来，我们整理一下写作思路：

开头——可以"开门见山"，表明身份、表明态度。
中间——利用整理出的素材对自己的观点进行说明或论述。
结尾——提出希望和建议，总结和升华。

从大纲主干细化到内容分支，整理出如图4-16所示的思维导图，在此基础上就可以写出一篇例文。

思维导图高效学习法
Efficient Learning Method of Mind Map

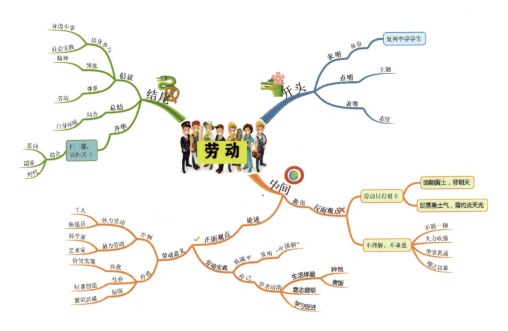

图 4-16 写作思路事例

参考例文：

重拾劳动热情，共享劳动意义

亲爱的同学们：

大家好！

我和大家一样，是复兴中学的一名学生。我为大家演讲的题目是《重拾劳动热情，共享劳动意义》。正如古语所言，"民生在勤，勤则不匮"，热爱劳动的传统已融入了我们中华民族的血脉。今天，就让我带领大家重新认识劳动，培养劳动自觉与热情。

或许在有些同学心中，劳动是"面朝黄土背朝天"的操劳，是"足蒸暑土气，背灼炎天光"的艰辛，它似乎只有汗水与辛苦。更有甚者对劳动不屑一顾，或大力吹捧、坐享其成的态度，或对劳动者的付出

148

嗤之以鼻。

但是，这样的认识正确吗？事实上，劳动可分为体力劳动与脑力劳动，流水线上认真作业的工人、大街小巷中辛劳穿行的快递员、大山深处坚持勘测的工人，与实验室默默耕耘的科技研发者、案前兢兢业业的艺术创作者一样，都是新时代可爱的劳动者，都是值得敬重的追梦人。正是他们不断奋斗，通过劳动实现自我价值，为社会创造财富，才让各行各业焕发生机，让祖国发展繁荣昌盛。因此，我们更需要明确劳动的意义，端正劳动的态度。

我们要热爱劳动，热爱劳动背后的精神态度，在劳动中获得人生成长财富。如果说认识劳动是我们脚踏的土地，那对劳动的热爱就犹如地上的阶梯，让我们通过阶梯可以收获别样的风景。现实生活中，不少同学认为劳动占用学习时间，智能时代劳动没必要。其实，劳动与科技、学业从来不是有你无我的关系，相反每每相随，意义非凡。袁隆平扎根农田数十载，奔波于田垄与实验室，方能研发"中国稻"，创造世界粮食奇迹。农业播种新科技一分钟可以撒种八公顷，为农业生产带来便捷，但粮食的成长仍离不开农民的辛苦培育。而回想我们参加的学农活动，辛勤种下了一片地、煮好了一顿饭后，我们也获得了不少对自然生活的体悟，我们的品格也获得了磨砺，这对学习也有更好的促进。劳动，可以让我们在耕耘中点燃智慧，收获内心的充盈。热爱劳动的火光应在我们心中点燃。

然而，空有热爱不够，真正将劳动付诸实践才是硬道理。因此，我在此衷心倡议：热爱劳动，从我做起。希望大家投入到劳动的热潮中。多帮助打扫教室卫生吧！劳动不分大小，而重在实践行动。多投入到学农等社会实践中去吧！劳动需切身参与，更需锤炼精神。多给挥洒汗水的普通劳动者尊敬吧!

　　劳动者需被敬佩,更需被效仿。当劳动之风吹遍校园的每一个角落,崇尚劳动、参与劳动、热爱劳动成为每个人心中的准则,我们这代青年定能以扫一屋之小行,实现扫天下之大志,绘制新时代的蓝图!

　　同学们,风后面是风,天空上面是天空,道路前面是道路。希望在无尽的前程中,我们都有劳动做伴!

　　我的演讲结束,谢谢大家!

英文阅读应用

　　以 2019 年某市中考英语任务型阅读题为例。

　　阅读短文,回答问题及翻译画线部分的句子。

　　It is said that everyone has two boxes hung on our necks. The small box at the front is full of other people's mistakes, while the big one at the back is filled with our own shortcomings(缺点). Most of time, it's easy to find other people's mistakes. It's hard for us to see our mistakes behind us.

　　A boy called Allen, always looked at the front box to check what was in it. He saw other people's mistakes very quickly. When Ben was impatient with him, he said to Ben, "It's so easy for you to get angry. It is hard to be friends with you."

　　He told his mother that was dishonest. "Michael takes my things without asking. And he forgets to return them." Allen himself did not like sharing his things with anyone.

When John was too tired to go hiking with him, he said, "You are such an unfriendly person."

He thought Nick was too proud of his rich parents. But Allen was so proud of himself because he could not see any of his own mistakes! <u>He could not understand why he didn't get on well with others.</u> Then his mother said to him, "If you change the boxes around, maybe you can find the answer." He did it as his mother said, and his face turned red. <u>他发现自己并不比其他同学更好</u>.

(1) What's in the back box? ＿＿＿＿

(2) Did Allen always look at the front box? ＿＿＿＿

(3) What did Allen think of his four classmates? ＿＿＿＿

(翻译问题略)

首先，我们阅读文章，理解基本内容。

第一段，主要阐述每个人脖子前后都挂着两个盒子，分别装了别人的错误和自己的缺点；第二段，指出 Allen 经常看到别人的缺点，比如 Ben 容易生气；第三段，他告诉妈妈 Michael 不诚实；第四段，他说 John 不友好；第五段，他认为 Nick 太骄傲。妈妈让 Allen 调换两个盒子的位置，Allen 发现自己并不比同学更好。

从分析文章首段第一句"everyone has two boxes"和最后一段中的"If you change the boxes around"，我们可以提炼出"two boxes"作为文章的主题词。之后为了便于理解，我们对文章结构进行重新梳理，并找出各级关键词，简要绘制全文的思维导图（图 4-17）。

最后，我们可以对照问题，参考思维导图来寻找准确答案。

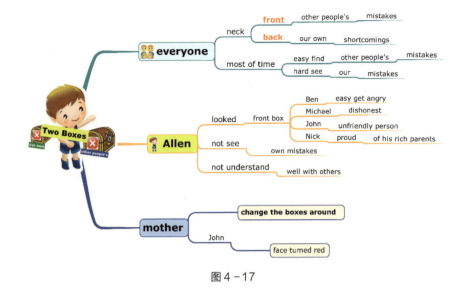

图 4 - 17

问题（1）：What's in the back box?（后面的盒子里有什么？）

根据思维导图第一个分支的关键词，如图 4 - 18 中圈出的部分，我们可以一下就找到答案是"Our own shortcomings"。

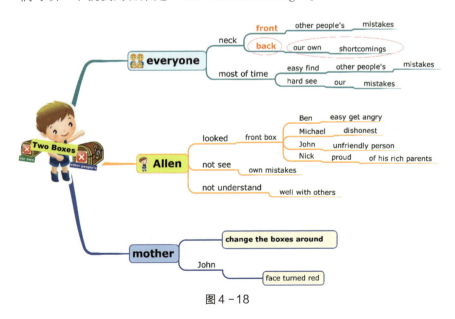

图 4 - 18

问题（2）：Did Allen always look at the front box?（艾伦总是看到前面的盒子吗？）

根据思维导图第二个分支的关键词 looked、front box，如图 4-19 中圈出的部分，可以得出这道题的答案是肯定的：Yes, he did.

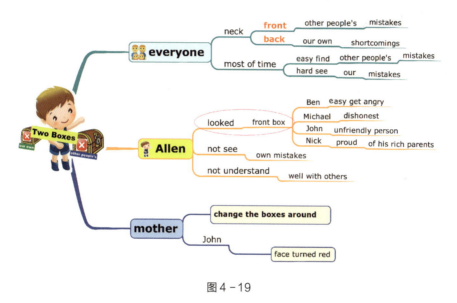

图 4-19

问题（3）：What did Allen think of his four classmates?（艾伦觉得他的四位同学怎么样？）

根据思维导图第二个分支的内容即图 4-20 中圈出的内容，可以看出 Allen 对同学们的态度和评价。因为全文用一般过去时，所以回答也采用一般过去时。故答案为：In Allen's opinion, Ben was easy to get angry, Michael was dishonest, John was unfriendly and Nick was too proud of his parents.

思维导图高效学习法
Efficient Learning Method of Mind Map

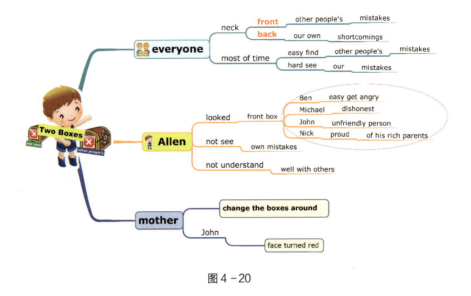

图 4-20

数学应用题解答

以工程应用题为例。

某项工作甲单独做需要 3 小时完成，乙单独做需要 4 小时完成，甲乙合作 1 小时后剩余部分由乙单独完成，还需要几小时完成？

第一步，分析题目给出的已知条件，找出关键信息，简单绘制成思维导图，如图 4-21。

第二步，关联相关知识点，整理思路，进一步补充绘制，如图 4-22。

从图 4-22 中我们可以看出思路整理的过程，如下：

（1）从题目可以看出此题为工程问题应用题，涉及的公式为"工作总量 = 工作效率 × 工作时间"。

第四章 学习应用的精要字诀:"透、构、理"

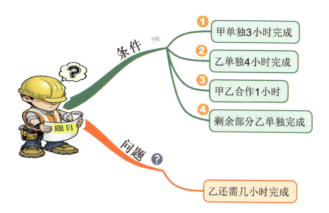

图 4-21

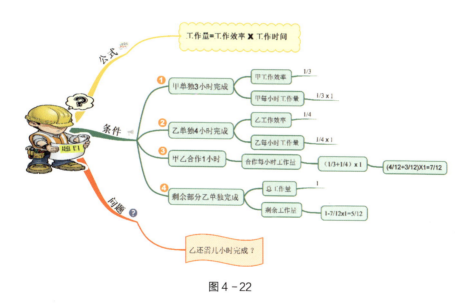

图 4-22

（2）甲单独做 3 小时完成：甲的工作效率是 $\frac{1}{3}$，所以每小时完成的工作量为 $\frac{1}{3}$。

（3）乙单独做 4 小时完成：乙的工作效率是 $\frac{1}{4}$，所以每小时完成的工作量为 $\frac{1}{4}$。

（4）甲乙合作 1 小时：已知甲乙的工作效率，这里又得知工作时间，可以马上利用公式求出合作的工作量，就是 $\left(\frac{1}{3}+\frac{1}{4}\right)\times 1$。

（5）剩余部分，由乙单独完成：得知工作需要全部完成，所以完成的工作总量为 1。

（6）还需要几小时完成：求的是乙剩余的工作时间。

如此整理条件和关联知识点后，这道题是不是变得透彻多了呢？接下来我们整理解题思路，继续补充思维导图，如图 4-23。

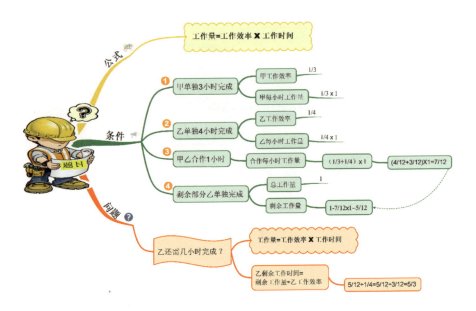

图 4-23

求乙剩余的工作时间，可以从公式"工作总量 = 工作效率 × 工作时间"中推出"乙剩余工作时间 = 剩余工作量 ÷ 乙工作效率"。

（1）先求剩余工作量，我们可以通过思维导图思路整理得知：剩余工作量为"工作总量减甲乙合作 1 小时的工作量"，即 $1 - \left(\frac{1}{3} + \frac{1}{4}\right) \times 1 = 1 - \left(\frac{4}{12} + \frac{3}{12}\right) \times 1 = 1 - \frac{7}{12} \times 1 = \frac{5}{12}$。

（2）已知乙的工作效率为 $\frac{1}{4}$。

（3）按照公式"乙剩余工作时间 = 剩余工作量 ÷ 乙工作效率"，得出乙需要的工作时间为 $\frac{5}{12} \div \frac{1}{4} = \frac{5}{12} \div \frac{3}{12} = \frac{5}{3}$。

这样，我们用小学的知识点就可以推导出答案。从这道例题我们可以看出，任何复杂的题目都是建立在简单的知识点基础上的，只要我们把最基础的公式掌握了，解题时只需找到条件与问题的联系，然后一步一步梳理推导，就能找到问题的答案。

下面，我们再用初中列方程的解题方式解一遍这道题。列方程的基础是找到等量关系，应用题当中的等量关系，通常都是关键的一句话，所以我们需要把这句话找到。这道题最关键的一句话就是"甲乙合作 1 小时后，剩余部分由乙单独完成"，这句话其实就体现了一个等量关系，也就是说工作总量包含两部分，一部分是甲乙合作的工作量，另一部分是剩余由乙完成的工作量。

找到等量关系后用思维导图列出，越详细越好，如图 4 - 24。然后，设乙单独完成还需要 x 小时。并将 x 和已知量带入等量关系，列出方程式。

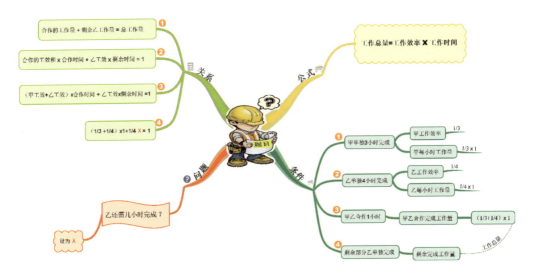

图 4-24

列出方程后再求解就比较简单了:

$$\left(\frac{1}{3}+\frac{1}{4}\right)\times 1 + \frac{1}{4}x = 1$$

$$\left(\frac{1}{3}+\frac{1}{4}\right)\times 12 + \frac{1}{4}x \times 12 = 1 \times 12$$

$$4 + 3 + 3x = 12$$

$$7 + 3x = 12$$

$$3x = 5$$

$$x = \frac{5}{3}$$

第五章

思维导图学与练

⚙ 所有人都以为"杰出"源于"天赋","天才"却说：我的成就源于"正确的练习"。美国著名心理学家安德斯·埃利克森提出，不论在什么行业或领域，提高技能与能力的最有效的方法都要遵循"刻意练习"的原则。受训者通过一系列不会做但可以学习掌握的小任务，并按顺序完成，这是有效步骤的关键，所有专家级的水平都是这样逐渐练出来的。

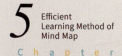

第一节
基础起步

提取关键词练习

一、句子练习

请用分支导图的形式，提取以下句子中的关键词。

要求：A. 逻辑关系要正确清晰，可以简单，但是不可以混乱；B. 在清晰的基础上，提取的内容越全面越好；C. 尽量多用图像；D. 恰当使用颜色，可以由句子内容确定。

（1）灌木丛下面藏着满满一层纯洁、娇小、鲜亮的小花。

参考例图（图5-1）：

图5-1　句子提取关键词示例1

（2）桂花摇落以后，挑去小枝小叶，晒上几天太阳，收在铁盒子里，可以加在茶叶里泡茶，过年时还可以做糕饼。

参考例图（图5-2）：

图5-2　句子提取关键词示例2

（1）在公园里，人们看到五颜六色的鲜花，听到动听的鸟鸣。

（2）温暖的风吹遍祖国大地。

（3）一只只小蜜蜂在花丛中飞来飞去。

(4) 太阳慢慢地透过云霞,露出了早已涨得通红的脸庞,像一个害羞的小姑娘张望着大地。

(5) 大家看见被洪水冲走的房屋,都非常难过,非常悲痛。

(6) 过了些日子,绿萝长出细细的茎和小嫩芽,尽情地伸展着自己的腰肢。

(7) 朦胧的月色投下神秘的影子,在水面上撒开浮动不定的光,好像无数的银鱼儿在那里跳动。

(8) 疫情期间,人们要做好防护,戴口罩,勤洗手,不到人多的地方聚集和玩耍。

(9) 天上的云有的像大象,有的像飞奔的野马,各式各样,漂亮极了。

（10）乡村生活是自由自在的，是无拘无束的，是多姿多彩的。我也想去乡村过这种自由自在、无拘无束、多姿多彩的生活。

二、段落练习

请用分支导图的形式，提取以下段落中的关键词。

要求：A. 逻辑关系要正确清晰，可以简单，但是不可以混乱；B. 在清晰的基础上，提取的内容越全面越好；C. 尽量多用图像；D. 恰当使用颜色，可以由句子内容确定。

她，个子不是太高，却显得落落大方；她，眼睛不是特别大，却流露出清澈的光芒；她，学习不是出类拔萃，但却有一颗火热的心。她，便是我的好朋友——琳琳。

参考例图（图5-3）：

图5-3 段落提取关键词示例

思维导图高效学习法
Efficient Learning Method of Mind Map

练 习

（1）购物中心共有五层。一层是超市，二层经营电器和化妆品，上面三层经营男女各式服装、鞋帽。

（2）蛐蛐儿满身披着黑纱，显得那么严肃；又像是披着黑色盔甲的大将军，显得那么勇武。

（3）我家养了一条鲫鱼，它一身青白色，有三寸多长，一双圆圆的眼睛，从来也不眨一下。最威风的还是它那一身银光闪闪的鱼鳞，就像将军身上的铠甲似的。

思维导图古诗词练习

思维导图记忆古诗可以有很多种形式，在这里我们以《西江月·夜行黄沙道中》为例先来介绍联想突围记忆古诗的方法。

第一步，通读全文。

西江月·夜行黄沙道中

（南宋）辛弃疾

明月别枝惊鹊，清风半夜鸣蝉。稻花香里说丰年，听取蛙声一片。七八个星天外，两三点雨山前。旧时茅店社林边，路转溪桥忽见。

作者简介：辛弃疾，字幼安，号稼轩。南宋豪放派词人、将领，有"词中之龙"之称。与苏轼合称"苏辛"，与李清照并称"济南二安"。辛弃疾生于金国，少年时参与耿京起义，抗金归宋，曾任江西安抚使、福建安抚使等职。追赠少师，谥忠敏。

《西江月·夜行黄沙道中》是宋代词人辛弃疾贬官闲居江西时创作的一首吟咏田园风光的词。此词着意描写黄沙岭的夜景：明月清风，疏星稀雨，鹊惊蝉鸣，稻花飘香，蛙声一片。全词从视觉、听觉和嗅觉三方面抒写夏夜的山村风光，情景交融，优美如画，恬静自然，生动逼真，是宋词中以农村生活为题材的佳作。

第二步，明确主题。

确定中心主题，绘制中心图，中心图以诗词题目或者以内容信息为主。

第三步，找难点。

（1）西江月：唐教坊曲名，后用作词牌名。

（2）黄沙道：指的是南宋时一条直通上饶古城的比较繁华的官道，东到上饶，西通江西省铅山县。

（3）明月：意思是明亮的月光惊醒了睡在树枝上的喜鹊。

（4）鸣蝉：蝉叫声。

（5）旧时：往日。茅店：茅草盖的乡村客店。社林：土地庙附近的树林。社，土地庙。

（6）忽见：忽然出现。见，同"现"，显现，出现。

第四步，划部分解。

根据阅读我们可以从本词的四句话中提炼出关键词或者关键字。大家可以根据自己的理解来提取。这首词分为四个部分：第一主干的关键字可以用"见"来概括；第二主干的关键字可以用"闻"来概括；第三主干的关键字可以用"变"来概括；第四主干的关键字可以用"喜"来概括。

第五步，绘制思维导图。

将词中所有内容信息全部呈现在思维导图中，尽量多地通过图像表达。这样绘制的思维导图能够将我们带回到作者当时所处的环境中去，帮我们快速地提取记忆点，并有逻辑地理解与表达诗词。

词中出现了明月、树枝、喜鹊、清风、蝉、稻花、青蛙、星、雨、茅店、溪桥等，我们将这些文字在脑海中转换成图像，如图5-4，更便于联想和记忆。

图5-4　文字转换图像示例

然后，按照顺序，从中心图到主干，绘制出完整的思维导图（图5-5）。

图 5-5 古诗词记忆示例

"明月别枝惊鹊,清风半夜鸣蝉"对应的第一个主干大纲用关键词"见"来概括。那么,分别看见了什么呢?天边的明月升上了树梢,惊飞了栖息在枝头的喜鹊;清凉的晚风仿佛吹来了远处的蝉叫声。

"稻花香里说丰年,听取蛙声一片"对应的第二个主干大纲用关键字"闻"来概括:稻谷的香气里,人们谈论着丰收的年景,耳边传来一阵阵青蛙的叫声,好像在谈论着今年又是一个丰收年。

"七八个星天外,两三点雨山前"对应的第三个主干大纲用关键字"变"来概括:天空中轻云飘浮,闪烁的星星时隐时现,山前下起了淅淅沥沥的小雨,"我"急匆匆地从小桥过溪想要躲雨。

"旧时茅店社林边,路转溪桥忽见"对应的第四个主干大纲用关键字"喜"来概括：土地庙附近树林旁的茅屋小店哪里去了？拐了个弯，茅店忽然出现在眼前。这里，在一个漫画人脸上方画出问号，表示疑惑没有找到目的地。"忽见"二字下面画了一个笑脸就表达了"原来在这里"的意思。

第六步，回顾和复述内容。

通过绘制的思维导图对诗词内容进行一个回顾和复述，在这个过程中，就可以真正掌握这篇古诗词。

> **知识延展**：思维导图是以思维为主，图像为辅，让我们脑海里的知识变得有图像、有逻辑、有步骤地呈现出来。按照绘制思维导图的要求——中心图、关键词、线条、图像、颜色，把古诗词的理解和学习过程展现出来，能够使我们快速地记忆古诗词，并能达到随事调用的学习效果。

练 习

请将下面三首古诗词，根据书中介绍的联想突围法进行导图绘制和记忆。

（1）乌衣巷

（唐）刘禹锡

朱雀桥边野草花，乌衣巷口夕阳斜。

旧时王谢堂前燕，飞入寻常百姓家。

参考例图（图5-6）：

图5-6 古诗词练习题参考1

（2）乡村四月

（南宋）翁 卷

绿遍山原白满川，子规声里雨如烟。

乡村四月闲人少，才了蚕桑又插田。

参考例图（图5-7）：

图5-7 古诗词练习题参考2

（3）朝天子·咏喇叭

（明）王　磐

喇叭，唢呐，曲儿小腔儿大。

官船来往乱如麻，全仗你抬身价。

军听了军愁，民听了民怕。

哪里去辨甚么真共假？

眼见的吹翻了这家，吹伤了那家，

只吹的水尽鹅飞罢！

参考例图（图5-8）：

图5-8　古诗词练习题参考3

思维导图阅读练习

语文教学内容因其包含丰富的人文精神,更具培养一代新人的优势。"大语文观"就是要以"人的发展"为语文教学的根本目的,培养具有良好的道德品格,真诚、善良、美好的心灵,尊重真理,富有责任心的健全的人格。利用思维导图,可以让被动学习者逐渐变成主动学习者,让学生对阅读更有兴趣,改善阅读难、时间长的阅读方法,从而提高阅读质量。最终,通过阅读增加我们大脑的知识储备,提高语文素养。

在阅读过程中,不是每个人都具备同样的理解能力、总结能力和学习能力。所以,阅读可以从表达方式较简单的文章开始,逐步挑战我们的大脑,你会慢慢发现自己不再满足于简单阅读。在阅读中使用思维导图,文章脉络清晰可见,阅读能力逐渐提升,阅读会成为越来越有趣的事。

用思维导图做阅读题的步骤:

第一步,明确阅读的目的。明确想要从中获取什么样的答案。

第二步,阅读前提问。明确阅读目的后提出问题,带着问题阅读全文。

第三步,划点找关键词。带着问题阅读全文,并且在每个段落标出关键点和关键词。

第四步,绘制思维导图。确定中心主题和主干关键词,绘制思维导图,边绘制边思考。

第五步,回顾分享。通过思维导图回顾文章内容,回答提出的问题，分享思维导图内容。

我们以下面这篇文章为例，来重点讲解第四步绘制思维导图的过程。

记金华的双龙洞[一]

4月14日，我在浙江金华，游北山的双龙洞。

出金华城大约五公里到罗店，过了罗店就渐渐入山。公路盘曲而上。山上开满了映山红，无论花朵和叶子，都比盆栽的杜鹃显得有精神。油桐也正开花，这儿一丛，那儿一簇，很不少。山上沙土呈粉红色，在别处似乎没有见过。粉红色的山，各色的映山红，再加上或浓或淡的新绿，眼前一片明艳。

一路迎着溪流。随着山势，溪流时而宽，时而窄，时而缓，时而急，溪流声也时时变换调子。入山大约五公里就来到双龙洞口，那溪流就是从洞里出来的。

在洞口抬头望，山相当高，突兀森郁，很有气势。洞口像桥洞似的，很宽。走进去，仿佛到了个大会堂，周围是石壁，头上是高高的石顶，在那里聚集一千或是八百人开个会，一定不觉得拥挤。泉水靠着洞口的右边往外流。这是外洞。

在外洞找泉水的来路，原来从靠左边的石壁下方的孔隙流出。虽说是孔隙，可也容得下一只小船进出。怎样小的小船呢？两个人并排仰卧，刚合适，再没法容下第三个人，是这样小的小船。船两头都系着绳子，管理处的工人先进内洞，在里边拉绳子，船就进去，在外洞的工人拉另一头的

[一] 作者：叶圣陶。

绳子，船就出来。我怀着好奇的心情独个儿仰卧在小船里，自以为从后脑到肩背，到臀部，到脚跟，没有一处不贴着船底了，才说一声"行了"，船就慢慢移动。眼前昏暗了，可是还能感觉左右和上方的山石似乎都在朝我挤压过来。我又感觉要是把头稍微抬起一点儿，准会撞破额角，擦伤鼻子。大约行了二三丈的水程吧，就登陆了，这就到了内洞。

内洞一团漆黑，什么都看不见。工人提着汽油灯，也只能照见小小的一块地方，余外全是昏暗，不知道有多么宽广。工人高高举起汽油灯，逐一指点洞内的景物。首先当然是蜿蜒在洞顶的双龙，一条黄龙，一条青龙。我顺着他的指点看，有点儿像。其次是些石钟乳和石笋，这是什么，那是什么，大都依据形状想象成神仙、动物以及宫室、器用，名目有四十多。这些石钟乳和石笋，形状变化多端，再加上颜色各异，即使不比作什么，也很值得观赏。

在洞里走了一转，觉得内洞比外洞大得多，大概有十来间房子那么大，泉水靠着右边缓缓地流，声音轻轻的。上源在深黑的石洞里。我排队等候，又仰卧在小船里，出了洞。

绘制阅读笔记的思维导图，主要有几个关键步骤：第一步，快速浏览文章，划分框架结构。第二步，提取核心关键词，分出内容模块。第三步，添加重点插图。

下面，我们将这篇文章的思维导图绘制过程作一个详细的分解。

第一步，绘制中心主题。中心图用一条黄龙和一条青龙盘旋在洞口，来表示主题"双龙洞"。

第二步，思考这篇文章分为几个部分，每个部分用一个关键词来概括。经分析，本文是一篇游记，是按游览顺序记叙的。先写沿途所见的美景；继而写外洞的洞口、外洞；再写孔隙；最后写内洞和出洞。

根据上文的分析可知第 1 自然段为第一部分，第 2、3 自然段为第二部分，第 4、5、6、7 自然段为第三部分。

第三步，按照划分的结构，定好大纲主干关键词，然后再绘制内容分支。

第一部分（第 1 自然段），关键词为"开篇"。交代作者游览金华双龙洞的时间、双龙洞的地点及目的。

第二部分（第 2、3 自然段），关键词为"路上"。写作者从金华城出发，经过罗店，渐渐入山，一路上经过的地方和看到的景物。公路盘曲而上。山上开满了映山红和油桐，山上沙土呈粉红色。"一路迎着溪流。随着山势，溪流时而宽，时而窄，时而缓，时而急，溪流声也时时变换调子。"再引出描写的重点——双龙洞。

第三部分（第 4、5、6、7 自然段），关键词为"游览"。分别以作者游览洞口、外洞、孔隙、内洞、出洞的空间顺序来描述。

第 4 自然段先写在洞口观山的感受：高、气势、突兀森郁，然后具体描写外洞，写出外洞口"宽"像桥洞，内"大"像大会堂的特点。

第 5 自然段写作者从外洞通过孔隙进入内洞的情形，这一部分写得很详细。通过描写小船的形状，需要贴船底穿过孔隙才能进入内洞，使人对孔隙的"矮"、"窄"有了明确的认识。然后写作者穿过孔隙时的心情和所做的准备，"船慢慢移动，眼前昏暗了，可是还能感觉左右和上方的山石似乎都在朝我挤压过来。我又感觉要是把头稍微抬起一点儿，准会撞破额角，擦伤鼻子"，突显了孔隙的"险"。

第 6、7 自然段写作者游览内洞时的情景。第一层写内洞的"黑"，"内洞一团漆黑"。第二层写"奇"，借着汽油灯光，首先看到的是"蜿蜒在洞顶的双龙",其次看到的是些"石钟乳和石笋"。第三层写"大","内洞比外洞大得多,大概有十来间房子那么大"。

第四步,经过全文阅读,绘制出一幅小号地形图。可以提高对本文地理关系的理解,加强记忆的同时也有助于复习。

通过上面的过程,这篇文章的思维导图(图5-9)绘制完成。在此基础上,无论出什么样的阅读理解题目,都可以在图中找到答案。

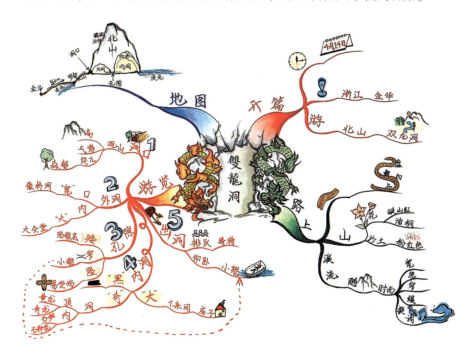

图5-9 阅读练习示例

学会查 "无字词典"

暑假到了,爸爸带聪聪去青岛旅游。

聪聪背着旅行包,戴着太阳帽,一蹦一跳地走在马路上。

爸爸突然问聪聪:"你知道'骄阳似火'是什么意思吗?""我知道,就是强烈的太阳光像火那样热。"聪聪像背书似的说。

爸爸笑了笑说:"你这是背词典上的解释。你看,烈日当空,连树上的叶子都晒蔫了,这不就是对'骄阳似火'最好的解释吗?"

聪聪和爸爸来到大海边,只见海面上滚滚的波涛不断涌来,撞击在岸边的岩石上,发出了山崩地裂的声音。

爸爸说:"我又想起了'惊涛拍岸'这个词语,你看眼前这情景像不像?""太像了!太像了!"聪聪高兴得嚷起来。

爸爸意味深长地对聪聪说:"看来要想真正理解一个词语的意思,不仅要会查有字词典,还要学会查身边的'无字词典'哪!"

(选自人教版语文三年级上册课文)

参考我们之前讲过的5W2H方法,绘制一幅阅读思维导图吧!

参考例图(图5-10):

图5-10 阅读练习题参考

第二节
进阶提升

提取关键词练习

一、句子练习

请用分支导图的形式,提取以下句子中的关键词。

要求:A. 逻辑关系要正确清晰,可以简单,但是不可以混乱;B. 在清晰的基础上,提取的内容越全面越好;C. 尽量多用图像;D. 恰当使用颜色,可以由句子内容确定。

花朵张开时,花瓣是金色的,草地也是金色的;花朵合拢时,金色的花瓣被包住了,草地就变成绿色的了。

参考例图(图5-11):

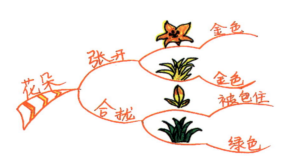

图5-11 句子提取关键词示例

思维导图高效学习法
Efficient Learning Method of Mind Map

练 习

（1）她身材挺拔，轮廓鲜明，30岁不到的她，已经生了两个孩子，但腰身没有变粗，皮肤没有变糙，肌肉也没有变松弛。

（2）盛夏的天气，烈日扫尽清晨晶莹的露珠，统治着宇宙，这是多么沉重闷人的时光啊！

（3）烈日当空、骄阳肆虐的正午，走在大街上，一切有生命的东西都无精打采地低着头。

（4）夜空中那皎洁的月亮和一眨一眨的星星给我带来无尽的想象。

（5）在太阳和月亮的周围，有时会出现一种美丽的七彩光圈，里层是红色的，外层是紫色的。

（6）2020年，我们将永远记住他们，冲在疫情第一线的白衣英雄，与洪水日夜奋战的消防官兵……

（7）夜空里群星闪烁，像棋盘里一颗颗闪光的棋子儿；又像是调皮的孩子。若隐若现，在夜幕里玩着捉迷藏。

（8）它每天都是东奔西走，忙里忙外，一刻都不闲着。

（9）少先队员在周日参观了雄伟壮观的长城，又到天安门前合影留念。

（10）就在疫情肆虐的春天，我们所有中国人居家隔离，守在电视机前为奋战在一线的白衣战士加油，为疫情患者加油！

二、段落练习

请用分支导图的形式，提取以下段落的关键词。

要求：A. 逻辑关系要正确清晰，可以简单，但是不可以混乱；B. 在清晰的基础上，提取的内容越全面越好；C. 尽量多用图像；D. 恰当使用颜色，可以由句子内容确定。

温老师其貌不扬，头发一根一根地竖起来，好像站着无数士兵，黑压压一片，似乎从来都没有理过发似的。他身材高大，非常幽默，经常给我们讲笑话,我们笑得合不拢嘴,而他却依然在讲,屋顶都快被掀翻了。但是在上课的时候,他的声音再轻也可以把教室变成一座寺庙,所有人都得敛声屏气。

参考例图(图5-12):

图5-12 段落提取关键词示例

(1)乡村的田野上一片斑斓;油菜花露出了笑脸;迎春花排起了队伍,向春天致敬;桃花引来了一群群蜜蜂采蜜;粉白的梨花开满了枝头;微风吹来香气,洋溢在周围的村庄里。

(2)校园里开始热闹起来,又恢复了往日的欢声笑语。前来报名的学生喜气洋洋,向老师询问着开学事宜;而老师们有的准备新学年的教材及教学用具,有的则在清扫、布置教室,以优雅清新的环境迎接新生的到来。

（3）夏天的星星就像顽皮的孩子一般逗人喜爱。它们有的会跑到老远的地方，好像躲在纱帐里跟我们捉迷藏，使人只能看见一个朦胧的影子；有的活像一个怕羞的小女孩，闪着明亮的眼睛，躲在一个角落，在偷看着什么似的；有的天真活泼地扮着鬼脸，不停地朝着我们眨眼睛。

思维导图阅读练习

我们以下面这篇说明文为例。

雾霾重度污染

雾霾中包含了许多我们意想不到的对人体有害的物质，如大量的有毒物质、细颗粒和细菌病毒等。据专家介绍雾霾里含有各种对人体有毒的物质，包括酸、碱、盐、胺、酚等，细颗粒包括PM2.5、PM10、花粉等，细菌病毒包括流感病毒、结核杆菌、肺炎球菌等。

雾霾会危害人体健康。如果人长时间处于雾霾中，可引起气管炎、肺炎、鼻炎等呼吸道炎症，以及眼结膜炎、哮喘、过敏疾病等发生。雾霾天会加重心脑血管疾病，加重阻碍血液循环，可能诱发心绞痛、心肌梗死、心力衰竭等。雾霾天气还可减弱近地层紫外线，儿童紫外线照射不足导致缺钙，也因紫外线不足促使细菌滋生。

专家指出，持续雾霾天对人的心理、生活等都有不良影响。从心理方面说，会给人造成沉闷、压抑的感觉，会加剧抑郁的状态。此外，由于雾霾天导致的低气压，有些人会产生精神懒散、情绪低落的现象。出现雾霾天气时，视野能见度低，容易引起交通阻塞，甚至交通事故……

根据资料显示，雾霾形成的原因是：①大气空气气压低，空气不通。由于空气的不流动，使空气中的微小颗粒聚集，形成雾霾。②地面灰尘大，空气干燥，地面的人和车流使灰尘搅动，悬浮起来。③汽车尾气是主要的污染物排放，近些年城市的汽车越来越多，排放的汽车尾气是雾霾的一个因素。④工厂制造出的废气、粉尘污染。⑤冬季取暖排放的 CO_2 及污染物。

现在，雾霾这个"敌人"已经向我们的家园进攻，我们要携手保护环境，共同美化家园。

先将阅读材料分为四个部分：第一主干关键词为"有害物质"，第二主干关键词为"危害"，第三主干关键词为"影响"，第四主干关键词为"原因"。通过提取的关键词，将文章中的关键信息归类并分别写在各分支后面，从而达到快速理解全文，同时也可以将文章内容基本还原。

第一分支，有害物质包括：毒类，如酸、碱、盐、胺、酚；细颗粒，如 PM2.5、PM10 和花粉；细菌病毒，如流感病毒、结核杆菌、肺炎球菌。

第二分支，危害分为炎症、哮喘、过敏、心脑血管疾病、儿童紫外线照射不足。

第三分支，影响分为心理和生活两个部分进行阐述。

第四分支，原因分为空气细颗粒、地面灰尘、污染源。

最后，绘制成如图 5-13 的思维导图。

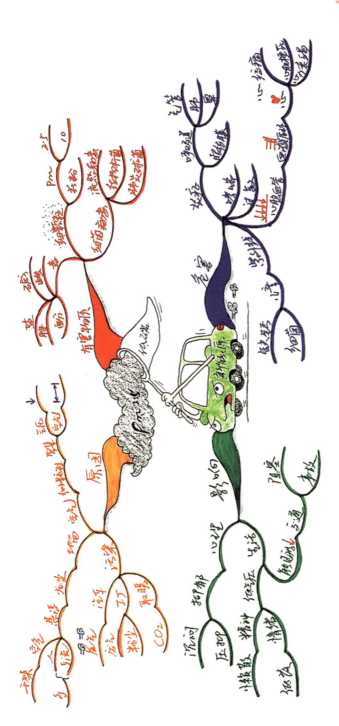

图5-13 阅读练习示例

萝 卜

有一个农民,因为肠胃不适,非常难受,便在中午时分跑到大夫家里去看病。大夫一家正在吃饭,听完这位农民的叙述后,建议他说:"回去喝点'人参汤'就会好的。"农民很是惊讶,大夫见他这副神情,忙笑着说:"买这人参不用花你一分钱,咱们这儿几乎家家都有,就是这东西。"大夫边说,边用手指着桌子上的一碟萝卜条。这位农民半信半疑地回到家里,没想到,萝卜汁喝下后不久,一切症状都踪影皆无了。这便是平时被人们看不起的萝卜做的一件大好事。

萝卜的品种繁多,大约有一百多个品种。按季节来分,可分为春萝卜和秋萝卜;按根的大小,可分为大、中、小三个类型;按萝卜的颜色来分,又可分为白萝卜、青萝卜和红萝卜。

萝卜,在农村虽然许多家都种它,但许多人并不完全了解它的广泛用途。

萝卜中含有多种营养成分。它含有大量的葡萄糖、果糖、蔗糖、多种维生素和矿物质。其中维生素C的含量比梨和苹果多出八九倍。如果用萝卜代替水果,它的维生素含量只会有过之而无不及。

萝卜的辛辣味也是一种有用的物质。它和萝卜中的消化酶一起能帮助胃肠消化食物,尤其是脂肪。人们在吃了油腻食物后,吃点萝卜就会解油腻。

如果人们在吃饭时吃过了量,也可以吃些萝卜。在新中国成立前,我们村有一个人,他很喜欢和别人打赌。一次在一家宴席上,他和人打赌说:"我一顿能吃八大碗菜而不被撑死,但得有一个条件,吃完饭后得让我出去遛遛。"果真,他吃完饭出去不到一个时辰,便又大摇大摆地跨进这家大门，人们都争着问他吃了什么"灵丹妙药"而不被撑死的，在人们的追问下，他无可奈何地说："我出去后，在地里扒了两个萝卜吃，所以现在能好好地站在这儿。"萝卜为什么能帮助消化呢？因为萝卜中含有大量芥子油、纤维和多种消化酶，这些物质都能促进肠子加快蠕动，帮助消化。

萝卜还可以治病。如果咳嗽日久，可以服用白糖萝卜汁，它有化痰、止咳的功效。萝卜还可以用来治疗菌痢、肠炎。最近又发现，萝卜对抗癌也有很大的用处。

另外，萝卜可以帮助吸烟的人戒掉烟。萝卜中含有萝卜酸，它可以使吸烟的人吸过烟后嘴里美滋美味，这样就容易戒掉烟了。

在农村，萝卜还有更广泛的用途。每逢冬季和春季缺少青菜的时候，萝卜便成了农民的主要菜食。秋天，农民把萝卜运回家后，在自家庭院里挖一个一米左右深的窖，把萝卜头向下码在窖中，每码一层铺一层沙子。冬季时，就可以从窖中扒出来食用。当地气向上返，天气渐渐暖和时，就把萝卜完全从窖里扒出来，切成片或丝，焯好晾干，用时只要在水中泡过一段时间，便都会舒展开，帮助农民们度过缺菜的初春。

萝卜的用处之多，简直可以说胜过人参，并且它的价格很便宜，难怪大夫把"萝卜汁"亲切地唤成"人参汤"。农村有句俗话："冬吃萝卜夏吃姜，不劳医生开药方"。既然萝卜对我们有益无害，那我们平时何不多吃些萝卜呢？

参考我们之前讲过的方法，绘制一幅思维导图吧！

第三节

学习案例

思维导图解几何应用题

用运动的观点来探究几何图形变化规律的问题称为动态几何问题。这类题通常是中考的压轴题，分值高，得分率低，是大家学习的难点。虽然这类题变幻莫测，但也是有方法可循的。我们可以借助思维导图这个工具，来帮助我们分析和解答，从而通过一道例题来总结这类题的解题方法。比如下边这道题：

$y=-\frac{1}{2}x+1$ 直线交坐标轴于 A、B 两点，以线段 AB 为边向上作正方形 $ABCD$；

若正方形 $ABCD$ 以每秒 $\sqrt{5}$ 个单位长度的速度沿射线 AB 下滑，直至顶点 D 落在 x 轴上时停止. 设正方形落在 x 轴下方部分的面积为 S，求 S 关于滑行时间 t 的函数关系式，并写出

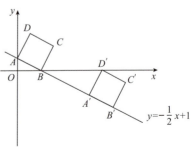

题图

相应自变量 t 的取值范围.

解答数学题,一般都要经历审题、解题、验题的过程,我们通过图 5-14 的思维导图能够很清晰地看清楚每一步都要做什么。"审题"的大纲主干涵盖的内容最多,自然,审题是解题的重点和关键,所谓"审题是成功的一半"就说明了审题在解题中的地位。

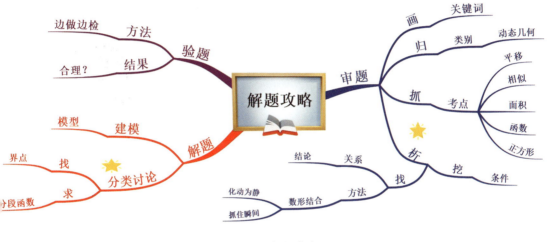

图 6-1 解题攻略

第一步,审题。

关键词:归类别、画关键词、抓考点、分析(挖条件、找关系、找方法)

1. 归类别

读题后,我们很容易给这道题归类即动态几何问题——直线不动,正方形运动产生面积变化。

2. 画关键

在题目中画出关键词，这道题的关键词可参看题目中红蓝色部分。

3. 抓考点

通过这些关键词就能联想到相关的考点：函数（一次、二次、三角）、正方形、平面直角坐标系、图形面积，这类问题通常会结合图形的全等和相似，如图 5-15 所示。

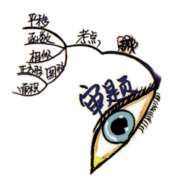

图 5-15 抓考点示例

导图解析：这个过程就是思维导图当中的一个思维发散的过程，是结合自己已有知识的一种逻辑联想。很显然，这是一道综合性题型。分析的过程是审题的关键，在图 5-14 解题攻略的思维导图中，我们可以直接看出"析"的内容占比较多。

4. 分析

最重要的分析环节，体现一种"挖"的精神。下面我们具体看如何分析此题。

（1）挖条件：挖掘隐含条件，根据已知条件——关键词，进行发散思考。

（2）找关系：抓住题中已知条件，尤其是不变的量，像福尔摩斯破案一样，一句一句去推理，越透彻越好，联想越多越好。然后，在你推理的结果之间寻找联系，从而推导出更多的结论。

比如：可以从题中最重要的两个已知条件——"直线 $y = -\frac{1}{2}x + 1$"

和"正方形 $ABCD$"入手,展开推理,已知条件作为思维导图的三级分支,结论作为四级分支。

①已知:直线 $y = -\dfrac{1}{2}x + 1$

推出:$x = 0$ 代入,求得 A(0,1)即 $OA = 1$;$y = 0$ 代入,求得 B(2,0),即 $OB = 2$。

马上想到在 $Rt\triangle AOB$ 中,利用勾股定理求出 $AB = \sqrt{5}$。如图 5-16 所示。

图 5-16 挖条件①示例

②已知:正方形 $ABCD$

四边相等,即 $AB = AD = BC = CD = \sqrt{5}$。

四角相等为90°,运动过程中构成 $Rt\triangle$。

归纳:运动中所有的 $Rt\triangle$ 都相似,两条直角边的比是 $1:2$,始终不变,这个小结论非常重要,为下面的计算带来了方便和快捷。

运动:正方形 $ABCD$ 的运动速度 $V = \sqrt{5}$;方向为沿射线 AB 运动,起点是 A;当 D 在 X 轴上时,停止运动,即终点是 A'。如果有经验的同学在这里可以马上求出时间的范围(找联系),$t = \dfrac{s}{v} = \dfrac{AA'}{\sqrt{5}} = \dfrac{AB + A'B}{\sqrt{5}} = \dfrac{\sqrt{5} + 2\sqrt{5}}{\sqrt{5}} = 3$。如图 5-17 所示。其中,求 $A'B$ 时利用刚才推理出来的直

角边的比 1∶2 就可以直接得出结果。如果没有记住那个小结论，用相似或者三角函数 $tan\angle ABO$ 都可以求出来，只是会多花费一点时间。

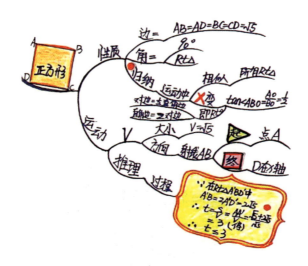

图 5-17　挖条件②示例

（3）找方法：数形结合。边分析，边画图，在图形上做标记，把想到的都标记在图形上，如图 5-18 所示，这样你能具体看到这些条件，就会推理出更多的结论。

导图解析：这一步和绘制思维导图中的小图标类似，起到强调重点、引发联想、建立联系的作用，只不过我们没有天马行空地想象，而是根据学科特点展开逻辑推理。

分析重叠图形：运动过程中依次出现三角形、梯形、五

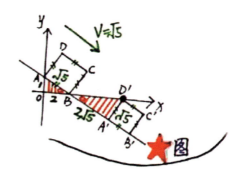

图 5-18　数形结合法示例

边形。(解题八字口诀：化动为静、抓住瞬间。可以把图形剪下来，动起来试一试，让抽象的运动具体化，便于观察，也可以数形结合，画瞬间图辅助分析。)

③**求函数**：求重叠面积 s 和时间 t 之间的函数关系。由此，马上想到分类讨论，分别求三段函数。

瞧，这样一道题挖掘了这么多潜在条件，才算真正做到推理透彻清晰。图 5-19 为审题的整体分支图示例。

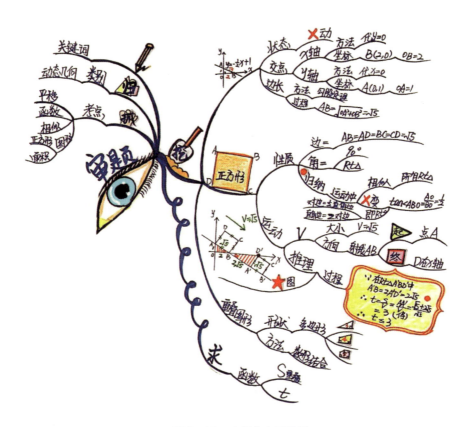

图 5-19　审题分支图示例

导图解析：以上审题的全部过程，对学生来说，难点是如何推理，并挖掘隐含条件。所以在画解数学题的思维导图时，重点应放在"挖"上，其他略之。这也体现了思维导图"为我所用"的灵活性。大家看到这部分导图，就能很清晰地明白要做什么，从哪里入手，条件和结论一目了然。

如果同学们还是没有经验，可以慢慢来别着急。这些条件在做题过程中也是可以推理出来的，只是需要时间和经验的积累。同时，我们也能看出来审题多么重要，是需要花时间去研究的。做不出题的本质是题没有读透而已。在绘制审题主干的思维导图时，记得数形结合，画图标记，多读几遍，多挖掘一些隐含条件，就会有解题思路了。

第二步，解题。

前面的审题为解题打下坚实的基础，重点是要求出三种情况下的函数关系式，那么就需要我们建立数学模型。

解决分段函数问题，通常要先求临界值，然后根据临界值分段，再求分段函数。

方法其实很简单，即八字口诀——化动为静、抓住瞬间。

1. 找界点 t

根据运动过程中，点或者图形运动到特殊位置的情况，找到自变量 t 的值，作为分段函数的临界点。

方法：画出正方形 ABCD 移动过程的瞬间图，数形结合，如图 5-20。根据各个数量之间的关系，一般都是最基础的公式，或者利用全等或者相似的三角函数列出等量关系，求出临界值。

这道题分三种情况：

图 5-20 找界点 t 分支图示例

①A、B 重合，由图 5-20 知道，时间 $t = \dfrac{\text{路程} AA'}{\text{速度} \sqrt{5}} = \dfrac{\sqrt{5}}{\sqrt{5}} = 1$，$AA'$ 的值在上一步审题时候已经分析出来了。

②点 C 在 x 轴上，由图 5-20 知：

在 $Rt\triangle BB'C'$ 中，直角边是对边的 2 倍，则 $BB' = 2B'C' = 2\sqrt{5}$，时间 $t = \dfrac{\text{路程} BB'}{\text{速度} \sqrt{5}} = \dfrac{2\sqrt{5}}{\sqrt{5}} = 1$。

③点 D 在 x 轴上，由图 5-20 知：时间 $t = \dfrac{\text{路程} AA'}{\text{速度} \sqrt{5}} = \dfrac{AB + A'B}{\sqrt{5}} = \dfrac{\sqrt{5} + 2\sqrt{5}}{\sqrt{5}} = 3$

所以，三段函数的自变量取值范围就可以确定了：

$$\begin{cases} 0 \leqslant t \leqslant 1, \text{重叠部分为三角形} \\ 1 < t \leqslant 2, \text{重叠部分为梯形} \\ 2 < t \leqslant 3, \text{重叠部分为五边形} \end{cases}$$

导图解析：以上分析内容，用思维导图（图 5 - 20）呈现出来，逻辑是非常清晰的。虽然是三种情况，但是方法相同，即先画特殊位置的瞬间图，再利用最基本的公式求时间：时间 = $\dfrac{\text{路程}}{\text{速度}}$。

这样，三段函数的自变量取值范围就很容易求出来了，找界点 t 导图（图 5 - 20）中橙色的点也是有用意的，这一步运用到了审题中提到的一个小归纳（图 5 - 19 中用橙色点进行了标注），这里标注一样的橙色点就是要说明关联性，意指用到的是同一种方法。其他地方也如此。这样可以让大家看到这种方法在整道题中运用的频率和简洁性，从而加强记忆和理解。再比如，图 5 - 20 中有一颗红色的五角星，图 5 - 19 的审题导图中内容分支里也有一颗红星，因为 D 在 x 轴上的画图结果都相同，为提高思维导图的简洁性和关联性，就没有必要重复相同的内容，用小图标标注一下就好。

在思维导图中大家可以非常清晰地看到本题的分析过程、求解过程，以及在过程中的一些小的处理细节，比如图形分析中的彩笔标注部分，这些都是学生们可以借鉴和学习的。从细节入手，可以潜移默化地培养学习习惯，提高数学能力。

2. 求分段函数

这部分是解题的关键，需要对三种情况分别进行分析解答。为了能让学生减轻对压轴题的恐惧感,增加信心,也便于大家总结方法,每种情况都可以分为三步:画瞬间图——分析——解答。这和求界点时的方法类似,即画瞬间图、数形结合,然后根据各个数量之间的关系(一般都是最基础的公式)或者利用全等或者相似的三角函数,列出函数关系。

① $0 \leqslant t \leqslant 1$(常规解题见图①,思维导图见图5-21)

分析:画瞬间图,看出重叠部分图形是三角形,很自然想到三角形的面积公式:$S_\triangle = \dfrac{1}{2}底 \times 高$,分别求出底和高即可。

底 $BB' = vt = \sqrt{5}t$,高 $B'G = \dfrac{1}{2}$直角边

$BB' = \dfrac{1}{2}\sqrt{5}t$ $S = \dfrac{1}{2}BB' \times B'G = \dfrac{1}{2}\sqrt{5}t \times \dfrac{\sqrt{5}}{2}t = \dfrac{5}{4}t^2$

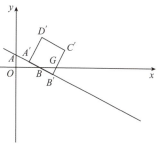

图①

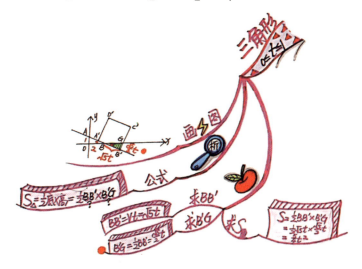

图5-21 情况①分支图示例

导图解析：为了便于大家理解和总结方法，图 5－21 中添加了小图标"闪电"、"放大镜"和"苹果"，而且在画图时把重叠面积是三角形部分特意用绿色条纹标记，这样学生们就能很快捕捉到重点。

分析的过程从公式入手，只求未知量即可，最后求面积自然水到渠成。

② $1 < t \leq 2$（常规解题见图②，思维导图见图 5－22）

分析：重叠部分图形是梯形，很自然想到梯形的面积公式：

$S_{梯形} = \dfrac{1}{2}$（上底＋下底）×高

高 $A'B' = \sqrt{5}$

上底 $A'G = \dfrac{1}{2}A'B = \dfrac{1}{2}$（路程 BB' － 边长 $A'B'$）$= \dfrac{1}{2}(\sqrt{5}t - \sqrt{5})$

在 $\triangle BB'H$ 中，下底 $B'H = \dfrac{1}{2}$路程 $BB' = \dfrac{1}{2}\sqrt{5}t$

$$S_{梯形} = \dfrac{1}{2}(A'G + B'H) \times A'B'$$

$$= \dfrac{1}{2}\left(\dfrac{\sqrt{5}t-\sqrt{5}}{2} + \dfrac{\sqrt{5}}{2}t\right) \times \sqrt{5}$$

$$= \dfrac{5}{2}t - \dfrac{5}{4}$$

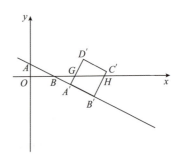

图②

导图解析：为强调关联性和重复性，图 5－22 仍然用小图标"闪电"、"放大镜"和"苹果"来分别表示画瞬间图、分析和结果。和上一种情况（图 5－21）不同的就是重叠图形变成了四边形——梯形（粉色条纹标注），那就根据梯形公式来求相应的量即可。

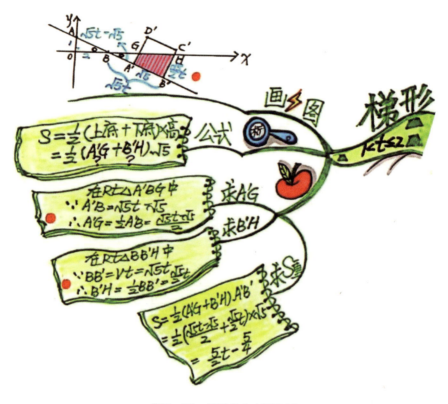

图 5-22　情况②分支图示例

③ $2 < t \leq 3$（常规解题见图③，思维导图见图 5-23）

分析：画瞬间图，重叠部分图形是五边形，不规则图形没有面积公式，需要转化成规则图形来计算。$S_{五边形} = S_{正方形} - S_{\triangle GD'H} = \left(\sqrt{5}\right)^2 - S_{\triangle GD'H}$，求三角形面积可以直接用公式求，也可以利用相似三角形的性质：面积比等于边长比的平方。

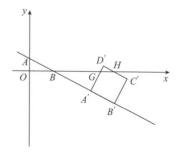

图③

$$\frac{S_{\triangle GD'H}}{S_{\triangle AOB}} = \left(\frac{GD'}{AO}\right)^2, \text{ 即 } \frac{S_{\triangle GD'H}}{1} = \left(\frac{GD'}{1}\right)^2$$

所以 $S_{\triangle GD'H} = GD'^2$

$$GD' = A'D' - A'G = \sqrt{5} - \frac{1}{2}A'B = \sqrt{5} - \frac{1}{2}(BB' - A'B') = \sqrt{5} - \frac{1}{2}(\sqrt{5}t - \sqrt{5}) = \frac{3\sqrt{5} - \sqrt{5}t}{2}$$

$$S_{\triangle GD'H} = GD'^2 = \left(\frac{3\sqrt{5} - \sqrt{5}t}{2}\right)^2 = \frac{5}{4}t^2 - \frac{15}{2}t + \frac{45}{4}$$

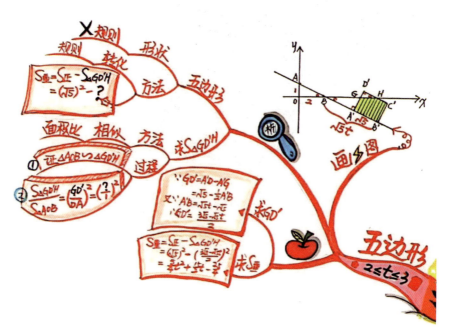

图5-23　情况③分支图示例

导图解析： 同样的图标用来强调方法的重复性和重要性。图5-23用黄色条纹标记重叠面积——五边形，这是不规则图形，我们没有学过它的面积公式，转化成学过的四边形和三角形就可以了。

虽然看起来数字计算有些麻烦，可是我们抛开数字计算来看方法，其实方法都差不多。从图5-19、图5-20、图5-21、图5-22、图5-23的图标中就可以总结出方法：先画瞬间图，利用最基础的公式，分析数量关系，发现未知量，利用线段之间的数量关系，反复运用相似或者三角函数，就可以直接求出答案。是不是没有那么难呢？

第三步，验题。

检验也是学习数学的一个重要步骤。无论对于什么题型，哪怕是填空选择，学生都要具备纠错的能力。压轴题都是由小题、小步骤组合而成，所以不能等待全部完成再检查，要边做题边检查。比如有些学生，在做第一步的时候，直线 $y = -\frac{1}{2}x + 1$ 与 x 轴、y 轴的交点坐标求错了，或者用勾股定理求正方形边长时计算错了，那么即使你会做题，方法全会，也是无济于事的。所以要养成检查纠错的好习惯。

◎ 答题技巧

解题步骤可以边分析边书写，压轴题不要求那么细致，比如本题中相似三角形直角边的比是1:2，直接说明相似或者用三角函数直接写出关系，再代入求出结果即可。在解题过程中，思路要清晰，分段层次要分明。重要的自变量取值范围、重点的关系式、计算结果只要能准确清晰地呈现，就能得分。其实，解题步骤都蕴含在思维导图中，就是每个部分的画瞬间图——分析——求面积的过程。我们把本题的解题步骤汇总如下。

解：当 $0 \leq t \leq 1$ 时，见图①所示。

$\because \tan\angle ABO = \dfrac{OA}{OB} = \dfrac{GB'}{BB'}$

$\therefore \dfrac{1}{2} = \dfrac{GB'}{\sqrt{5}t}$

$\therefore GB' = \dfrac{\sqrt{5}}{2}t$

$\therefore S = \dfrac{1}{2}BB' \times GB' = \dfrac{1}{2}\sqrt{5}t \times \dfrac{\sqrt{5}}{2}t = \dfrac{5}{4}t^2$

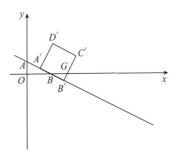

图①

当 $1 < t \leq 2$ 时，见图②所示。

$A'B' = AB = \sqrt{2^2+1^2} = \sqrt{5}$

$\therefore A'B = \sqrt{5}t - \sqrt{5}$

$\therefore A'G = \dfrac{\sqrt{5}t - \sqrt{5}}{2}$

$\because B'H = \dfrac{\sqrt{5}}{2}t$

$\therefore S = \dfrac{1}{2}(A'G + B'H) \times A'B' = \dfrac{1}{2}\left(\dfrac{\sqrt{5}t-\sqrt{5}}{2} + \dfrac{\sqrt{5}t}{2}\right) \times \sqrt{5} = \dfrac{5}{2}t - \dfrac{5}{4}$

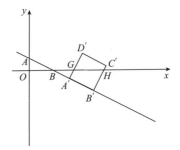

图②

当 $2 < x \leq 3$ 时，见图③所示。

$\because A'G = \dfrac{\sqrt{5}t - \sqrt{5}}{2}$

$\therefore GD' = \sqrt{5} - \dfrac{\sqrt{5}t-\sqrt{5}}{2} = \dfrac{3\sqrt{5}-\sqrt{5}t}{2}$

由 $\triangle AOB \sim \triangle GD'H$，得

$\dfrac{S_{\triangle GD'H}}{S_{\triangle AOB}} = \left(\dfrac{GD'}{OA}\right)^2 = \left(\dfrac{3\sqrt{5}-\sqrt{5}t}{2}\right)^2$

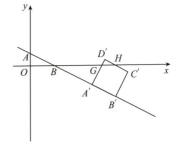

图③

$$\therefore S = (\sqrt{5})^2 - \left(\frac{3\sqrt{5}-\sqrt{5}t}{2}\right)^2 = -\frac{5}{4}t^2 + \frac{15}{2}t - \frac{25}{4}$$

导图解析：以上每一步的分析过程（图5-19、图5-20、图5-21、图5-22、图5-23），合并在一起，就是图5-24呈现的完整的思维导图。

中心图：文字——解动态几何问题。

图像——一个踢球的足球小将，体现"动态"；背景是一个旋转运动的三角形，弧线箭头是它运动的轨迹，体现"图形的运动"。

大纲主干：图5-24的大纲主干呈现了一个完整的审题和解答的过程，即审题（重点在分析）解题（找界点、分三段）。

内容分支：即每个步骤的具体操作过程。小图标"闪电"（画瞬间图）、"放大镜"（分析）、"苹果"（结果）贯穿全图，强调了方法的统一和联系，便于记忆和理解。橙色的小点代表同一种方法，题中一共运用过五次，让人一目了然，这就是思维导图的妙处。

思维导图解答数学题，可以通过一道题而会一类题。绘制过程中，图标加强理解，颜色强调重点，通过区分步骤，更是契合了数学注重解题的过程和方法的特点。尤其对于压轴题，计算过程虽然繁杂，但是我们跳出来用思维导图总览全局来看方法，其实也就是几步而已，是不是没有那么困难？压力也小了好多吧？至于如何画图、准确计算、运用公式等等，其实都是基本功问题，只要平时上课、练习、作业、考试都能认真对待，打好基础，面对所谓的压轴题时，大家就会觉得没什么了不起，因为它只不过是"小题""小知识点""小结论""小习惯"的积累和拓展，不是吗？

（初中教师 刘春艳）

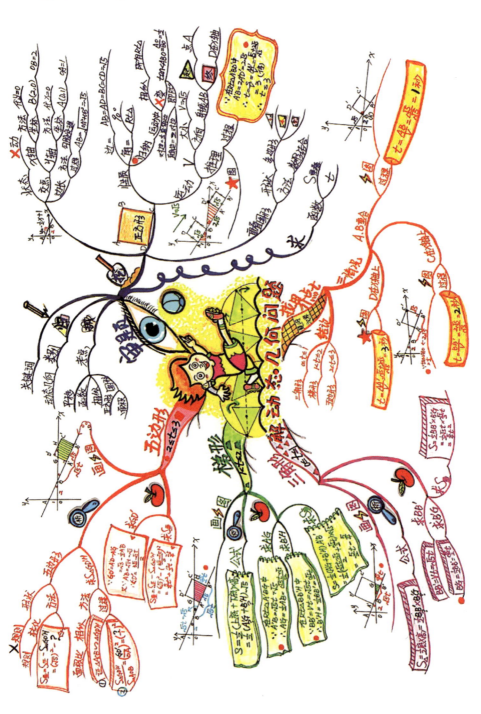

图5-24 解动态几何问题示例

思维导图解语文阅读题

近年来，在新高考改革的浪潮下，高考语文越来越注重对于学生阅读能力的考查，不仅试卷的文字量在逐年增加，而且对阅读广度和深度的考查也在不断挑战学生的能力。在阅读题目的设置方面，不断突出对文化自信与家国情怀的激发与引导，全面考查学生的阅读理解、审美鉴赏和思维能力。

我们以备受瞩目的 2019 年高考北京卷为例，简要分析一下新高考的考点设置意图，以及对于考生阅读能力的考查要求。北京卷第一大题是一道非连续性文本阅读题（后文简称为"小阅读"），共两则材料，六道小题。

材料一

随着全球人口的不断增长和科学技术的飞速发展，人类在创造文明的同时也缔造了一个深受人类影响的全球生态系统。长期以来对生物资源及土地的过度利用，导致了动植物栖息地丧失、环境污染等一系列问题的出现，生态环境及生物系统遭受了严重破坏。据专家估计，由于人类活动和气候变化，地球上的生物种类目前正在以相当于正常水平 1 000 倍的速度消失，全球已有约 3.4 万种植物和 5 200 多种动物濒临灭绝，物种分布发生了大范围的变化，这些形成了全球性的生物多样性危机。

生物多样性危机是多种因素综合作用的结果，城市化是其中重要的因素之一。城市化是伴随工业化和现代化必然出现、反过来又推进工业化和现代化的一个历史过程；城市化水平是现代文明的重要指标。但无序蔓延的城市开发使野生动植物的栖息地日益萎缩，一部分动植物不得不和人类共同生活在城市之中。

城市中约60%~70%的地表被道路、人工建筑、停车场等硬化，水不容易渗入，植物的种子难以生根。全球很多城市的人口密度已达每平方千米数万人，密集的人流对诸多生物而言是潜在的危险；除此之外，还有大量的汽车、摩托车等在飞驰。高楼大厦林立，热量不断聚集，城市中心的温度有时甚至高出周边10℃之多，这种热岛效应对生物的生存也是一大干扰因素。

生物多样性为人类发展带来了巨大财富，目前它却面临着来自城市化等方面的威胁。城市化对生物多样性的影响成为生态学研究者关注的焦点问题。

(1) 根据材料一，下列表述不属于生物多样性危机的一项是（3分）

    A. 生物种类以非正常速度消失。

    B. 大量动植物濒临灭绝。

    C. 物种分布发生大范围变化。

    D. 动植物和人类共同生活。

(2) 根据材料一，下列理解和分析符合文意的一项是（3分）

    A. 深受人类影响的全球生态系统利于缓解生物多样性危机。

    B. 第一段通过列举数据来凸显生物多样性危机的严重程度。

C. 生态学者关注的焦点是生物多样性危机给人类带来哪些损失。

D. 这则材料反映了对生物多样性危机的担忧并提出了应对策略。

材料二

近年来生物学家发现，城市中部分野生物种对相比地球漫长历史还十分年轻的人工环境有着不可思议的适应力。科学家正努力揭示各物种在城市中的进化情况。"坦白说，部分物种对这种极端约束适应能力之强着实令人惊叹。"法国蒙彼利埃大学功能生态学与进化生态学研究中心主任皮埃尔-奥利维耶·切普图评论道，"这其中不仅存在微观进化，我认为在某些情况下还有宏观进化。"荷兰国家生物多样性中心进化论研究员曼诺·希尔图森说："我们在城市观察到的进化，其速度接近理论上的最大值，这让我们感到不可思议。"

联合国预计 21 世纪城市化进程将步入快车道：2030 年，全球城市面积将达 140 万平方千米；到 2050 年，城市居民将新增 25 亿。城市作为人类文明的产物，最早出现于 500 年前的美索不达米亚平原。如今，城市化将成为地球生物最重大的进化动力之一。

的确，城市中生物进化的各类实证开始涌现，水泥路旁、大楼脚下、阳台边缘、地铁站楼梯等，无处不在。繁衍在城市地铁通道的地下家蚊不再冬蛰，相较于鸟类的血液，它们现在明显偏好哺乳动物；它们与其他蚊子种群之间，已经产生了明显的生殖隔离。除了野生物种和家养物种，有的地方如今又出现了新型城市物种，这使人们重新审视城市生态环境与生物多样性问题。科学家将城市与遭受高度集约化农业严重破坏的乡村环境进行对比后，发现城市中的物种往往比乡村更多。相较于乡村，城市为物种提供了多样化的生境。动植物可以依附于各种各样的角落、边沿、墙缝，生活在荒地、墓地和潮湿的水沟里，或者栖居于精心维护、富有情调的花园中。它们可以全年获取水资源及食物，而在野外，水资源和食物的获得具有季节性。热岛效应也成为城市生境的一大优势，城市冬季不再严寒。

在密集型农业时代，城市将成为全新的生态系统，有利于保护生物多样性，并且这一潜能还将不断得到激发。

（取材于吴苏妹编译的相关文章）

(3) 材料二说，与遭受高度集约化农业严重破坏的乡村环境相比，城市中的物种往往更多。下列对其原因的理解，不正确的一项是（3分）

　　A. 城市提供了更加多样的栖居地。

　　B. 城市中的生物得到了精心保护。

　　C. 城市中有持续性的水源和食物。

　　D. 城市的冬季温度一般比乡村高。

(4) 下列对材料一和材料二的理解，正确的一项是（3分）

　　A. 材料一分析了城市环境特点，认为应该减缓城市化的步伐。

　　B. 材料二的引文表达了科学家对城市中生物进化速度的忧虑。

　　C. 两则材料中关于城市化是人类文明的产物的看法是一致的。

　　D. 两则材料中关于热岛效应是否有利于生物生存的看法相似。

两则材料都是和"城市化进程与生物多样性的关系"有关，但观点各不相同，行文方法也略有差异。材料一属于原因探究型，材料二属于观点推演型，也就是下文将要介绍的"起承进合"型文章。需要注意的是，两则材料都是取材于"相关文章"，在一定程度上做了删节与拼接，缺乏完整的文章逻辑性，这也给考生增加了阅读和解题的难度。考生要在短时间内，迅速阅读将近 2 000 字的文章和题目，并且筛选关键信息，提炼作者观点，选出正确答案，这就需要较高的思维能力与正确的文章解读方法。

要想快速而准确地把握文章行文思路，必须要掌握几种常见的文章组织模型。通过"模型思维"迅速对文章类型及其变体进行识别，考生才能够在短时间内找到作者观点和答题关键。我们以材料二为例，简单谈谈出题人的材料组织思路，以及把握材料中心的技巧。

我们都听说过文章写作需要"起承转合"，"起承转合"是文章架构最基本的模型。明末清初文学批评大家金圣叹曾说"诗与文虽是两样体，却是一样法。一样法者，起承转合也。除起承转合，更无文法"。这句话虽然有些绝对，但我们也可以看出"起承转合"在文章写作应用上的重要性与广泛性。而材料二就是对于这一常见写作模型的简单变体，我们称之为"起承进合"。其中，"进"为演进与阐释，就是对于文章观点的具体化说明。

下面，我们就用思维导图（图 5-25）来具体分析一下材料二的结构模型。

起：文章首段通过提炼关键词，我们得知"野生动物"对"人工环境"具有"不可思议"的适应力。我们在思维导图中呈现了这段的关键信息。这是生物学家的发现，是不是作者的观点呢？我们现在还不应该过早下定论。

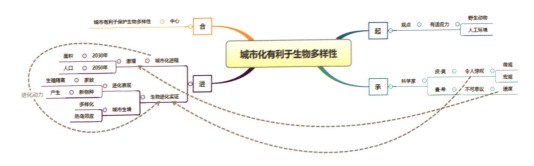

图 5-25　文章结构模型示例

承：第二分支，出题人找了两个科学家来承接上面的"发现"。外国人的名字都很长，我们只用两个首字来代替他们，分别是皮-奥和曼·希，因为在小阅读中，人名（专有名词）只起到定位作用，不会作为答案来考查。皮-奥的观点就是在承接上文的"适应能力"，注意他用的词是"令人惊叹"（这是个正向词汇，我们可以理解为"超强"），并且存在"微观"和"宏观"，这又引起下文生物进化在城市中的表现。这就是"承上启下"的作用。而曼·希说的是"速度""不可思议"（正向词汇，可以理解为"超快"），这直接引起了第三段的城市面积和城市人口的激增。

进：看思维导图的第三个分支。一般"起承转合"式的文章，到这里应该转换思路，或从另一个角度再去谈。例如从写景转向抒情，从写事转向说理，从写正面转向写反面等。而"起承进合"式文章，则会用一系列事实来论证观点，给观点以进一步的推演与阐释，让作者的观点更令读者信服。

因此，这部分从两方面展开：一是城市化进程；二是生物进化的实证。城市化进程是用一系列数字来进行论证的，主要说明联合国预计

21世纪城市化进程之快，从而得出城市化是地球生物进化动力的结论。生物进化的实证也是从两方面展开，一是进化的表现，二是城市生境（联系上下文，可以理解为"生存环境"）。而进化的表现，与前文法国的皮－奥的话形成呼应，分别提到了微观的家蚊和宏观的新型城市物种的产生。在城市生境中，提到了城市与乡村的比较和热岛效应。大家需要注意的是，有比较处往往是设题的重点位置。

合： 最后一段，也就是第四个分支，是整则材料的中心所在，得出结论"城市（化）有利于保护生物多样性"。有同学可能会有疑问，为什么第一段不是中心呢？这里和大家分享一个寻找中心的技巧，即"找大不找小"。这个"大小"指的是范围的大小，在这里明显"生物"的范围大于"野生动物"，"城市化"的范围大于"人工环境"。而且第一段讲的是生物学家的发现，是一个事实，事实不能作为观点。基于以上两点理由，我们就可以很快找到文章的中心了。

梳理完文章的结构，让我们来总结一下分析文章结构的三步法。

第一，通篇阅读，关注首尾。通过快速通读，判断文章的结构，掌握行文思路，关注首尾可以让我们更快地找到材料的中心。

第二，提炼关键，整合导图。迅速抓取文章中的关键词，梳理出思维导图，可以让我们更进一步深入文本内部，看清细节，便于做题的时候快速定位，找到解题点。

第三，定位细读，梳理答案。做好思维导图之后，相信我们对于文章的内容也已经了然于心，在阅读题目时，可以迅速定位对比，并且在思维导图中标注出题位置和考点设置位置。这有助于我们进行试卷复盘，了解出题思路，增加考试经验。

思维导图高效学习法
Efficient Learning Method of Mind Map

通过对于2019年高考北京卷小阅读材料二的梳理，相信大家对于出题人的文本设置思路和解题方法应该有了初步的了解。想要熟练运用思维导图法，快速理清文章的思路，还需要大家将其应用在平时的备考练习中。所谓"熟能生巧，巧能生精"，我们使用思维导图的目的是要做到"从手到心，化有为无"，真正提升思维品质，达到新高考阅读能力的考查标准。

（高三语文老师　杨泽）

思维导图快乐学地理

绘制思维导图学习地理的目的是为了启发地理思维，当我们打开学习地理的思维导图，就会让掌握基础地理知识、认识自己家园的过程变得妙趣横生。

下面，我们通过对我国地理和行政分区的思维导图绘制过程的介绍，来讲几个思维导图学习地理的关键点。

1. 激发创造力

对于中心图的绘制，思维导图允许我们根据自己要研究的事物展开无限制的联想。在图5-26中，我们绘制这样的中心图，也是为让大家了解"中国地理"。图中的旅行者非常愉快，在构图中乘着热气球飘浮，这又是多少朋友梦寐以求的事情呢？中心图可以激活我们的大脑，帮助我们继续捕捉有趣的内容。

图 5-26 中心图示例

2. 充分帮助记忆力

"中国行政分区"难于记忆,所以在表达此内容时需要花心思。借助这一分支(见图 5-27),图文和数字结合,较为创意地使用记忆数字 2345 就可帮助我们完整记忆行政区。如单独用绿色圈出数字 2 表示"2 个特别行政区";用粉色圈出的数字 23 表示"23 个省";用蓝色圈出的数字 34 表示中国一共有 34 个行政单位;单独用果绿色圈出来的数字 4 表示"4 个直辖市";单独用橘色圈出的数字 5 表示"5 个自治区"。经过这样处理加工的信息,充分体现了思维导图中线条连接的丰富性,也帮助我们让记忆力变得高级和强大!

图 5-27 中国行政分区分支图示例

3. 体现运动感

大多数孩子在看动画片时的兴奋是高于读书时的，所以想要促进大脑的感知兴奋度还需要在图中尽量多地体现运动感。图 5-28 在贯穿大纲主干知识的线条上给予了一定运动感的展示，增加了学习的活力。如在"中国分区"主干中，使用图像"中国国旗和旗杆"来代替牛角线条，更具有代入感；在"华东地区"主干上利用华东地区邻近海洋的联系，用海浪代替牛角线条，好似让读者感觉到生活在这里的人民正在享受着大海的味道！

思维导图的绘制也要寻求布局，大纲主干的线条一般要避开直上直下的情况。由于本图要展现的内容较多，所以必须要用到"直下"的位置，那么这里巧妙地借助两颗"华南"地区的代表水果杧果来过渡，这样会让读者在建立联系的基础上提高视觉感触力！

图 5-28 大纲主干示例

4. 突出层次感

绘制思维导图的目的是让读者厘清知识架构,更便于记忆,因此,层次一定要突出。但有些读者会好奇是不是借助列表的形式会更好些呢?我们不难发现,列表格有线条框的限制,其实这就是在抑制我们大脑的活动,会让大家陷入所谓的"死学"!而思维导图在呈现这些内容时通过建立第一分支、第二分支和第三分支等,从延伸和并列的关系中开启读者的思维神经通路,使读者的创新力越来越强,这就是大家所谓的"活学活用"。比如在图 5-29 中"西北"主干的"自治区-新疆维吾尔"支干下,大家也可以尝试在已经绘制的"骆驼""沙漠""葡萄""哈密瓜"这些并列的线条旁,继续触发联想,例如看到"新疆"你还能想到什么特色呢?如"和田玉""馕"等,都可以添加上。

思维导图高效学习法
Efficient Learning Method of Mind Map

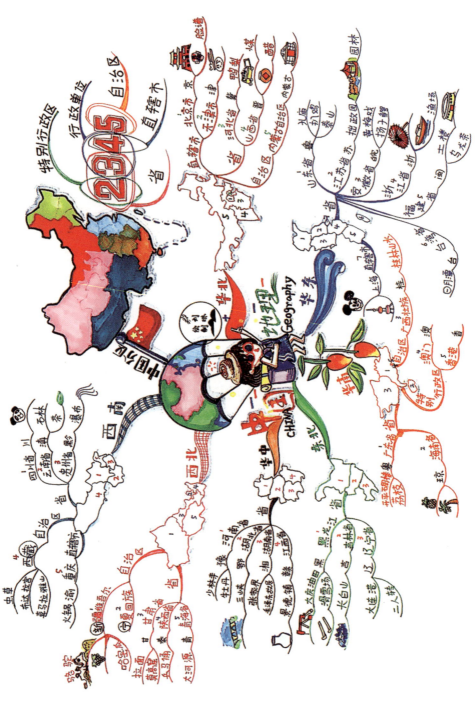

图5-29 中国地理示例

图 5-29 给出了相应专有名词后，又进一步添加了代码编号，以此巩固和强化读者接触到的信息。

5. 体现艺术性

思维导图的一大特色就是颜色。把颜色用于文字，有利于对信息进行组织和分类；把颜色用于图片，有利于让读者放松和快速吸收知识。好比图 5-29 的"华北"支干中使用绘图来代替"天安门""脸谱""狗不理包子""煤炭资源""老陈醋""蒙古包"这些文字，打破了大脑被动接受知识的僵局！

当然，这种艺术化的创作对于刚学习思维导图的人来说，会花些时间，但只要做到两点，你的思维导图就会越来越强大。第一是想到什么就绘制什么，不要过于苛求完美，因为这类导图只用于自己的学习和工作；第二是强加练习，扩容自己的脑库，这样你的导图就会逐步到达一个新高度！

通过上文利用思维导图梳理地理知识的过程，下面我们来测试一下学习的效果。请大家快速回答几个问题，看一看是否能迅速地找到答案呢？

（1）想去迪斯尼乐园可以去哪里？
（2）想买最纯正的景德镇陶瓷应该去哪个省份呢？

小结：在绘制完对应的思维导图后，我们要及时回顾在绘制过程中出现的问题以及导图作品需要改善的地方在哪里等。对于图 5-29 来说，需要改进小插图的配色，如"脸谱"配色较黑，如果在不跟进关键词"脸谱"二字的情况下，读者会猜半天这是什么内容。此外，图中还需要展现更为全面的内容，大家可以跟进"中国地理"思维导图，把每一个大纲主干分支变为中心主题，再展开线条另绘导图，以便承载更多更丰富的信息。

（初中地理老师　刘琳）

附　录
优秀作品赏析

附录A　中小学学科复习思维导图

一、小学语文

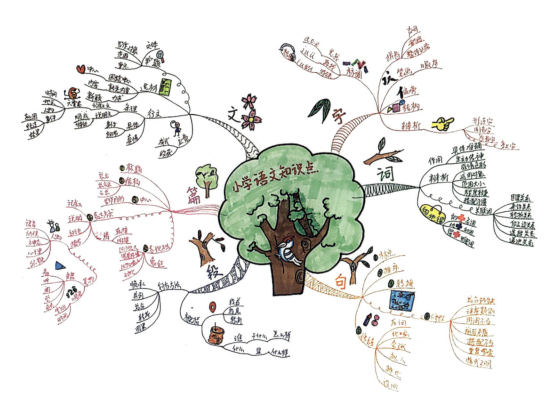

附图1

思维导图高效学习
Efficient Learning Method of Mind Map

附图 2

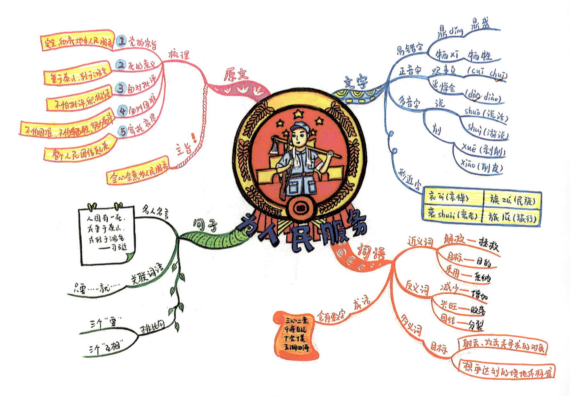

附图 3

附录
优秀作品赏析

附图 4

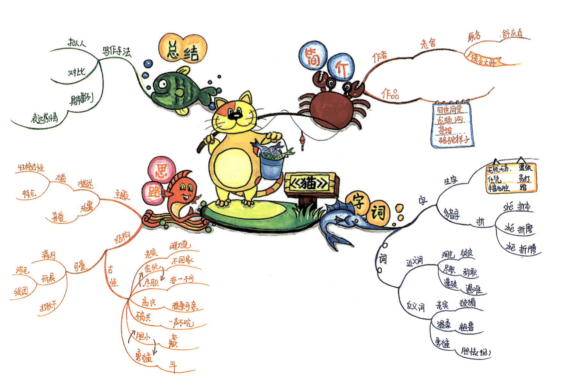

附图 5

附图6

附图7

附 录
优秀作品赏析

附图 8

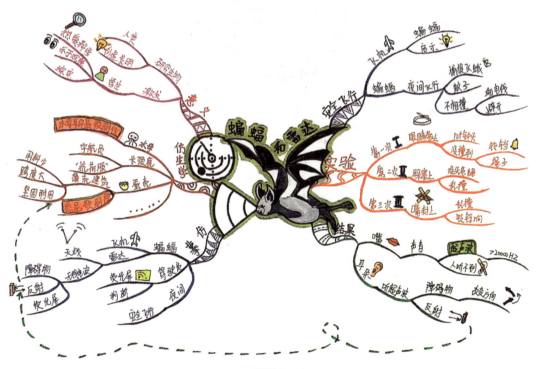

附图 9

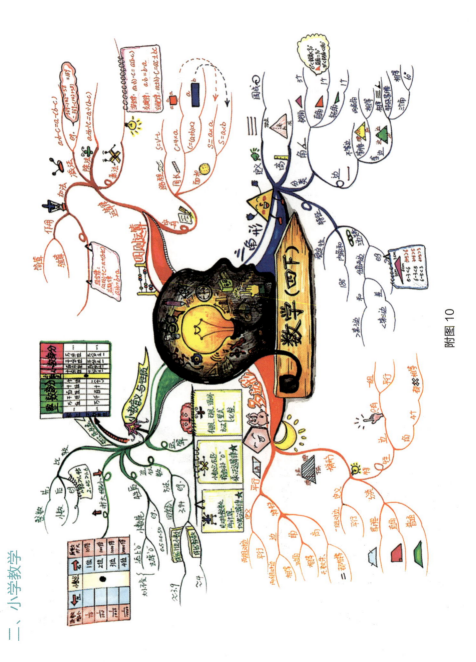

附图 10

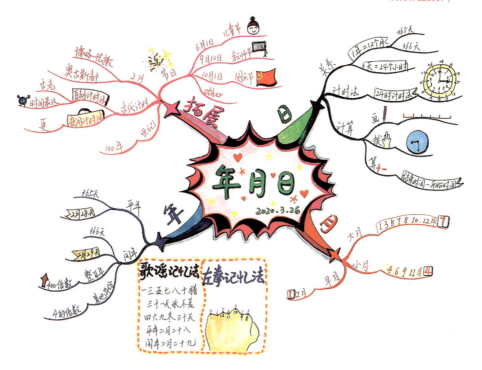

附图 11

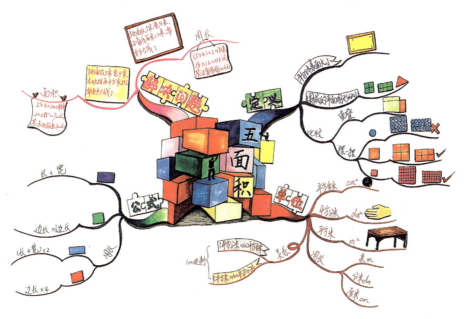

附图 12

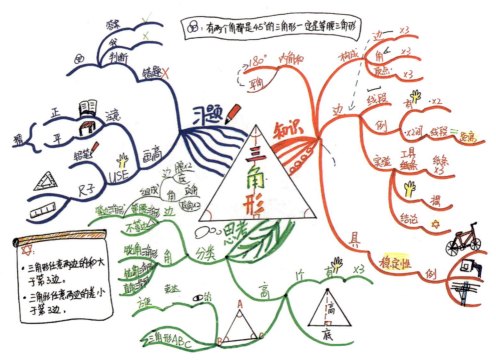

附图 13

附图 14

三、小学英语

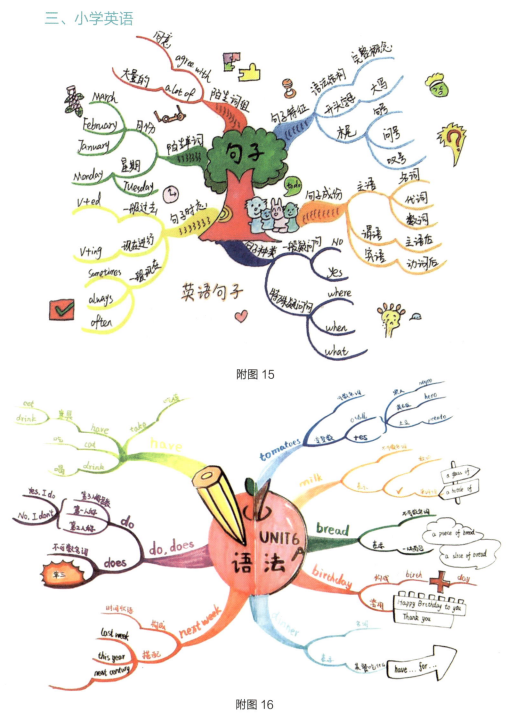

附图 15

附图 16

思维导图高效学习法
Efficient Learning Method of Mind Map

四、初中语文

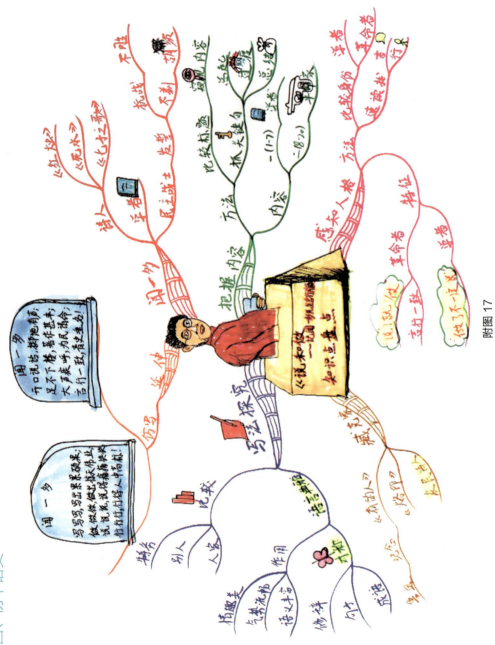

附图17

附图 18

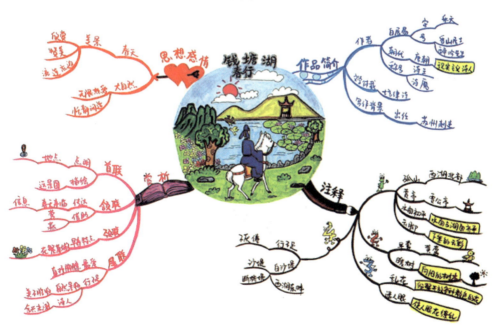

附图 19

思维导图高效学习法
Efficient Learning Method of Mind Map

附图 20

附图 21

附录
优秀作品赏析

五、初中数学

附图 22

六、初中几何

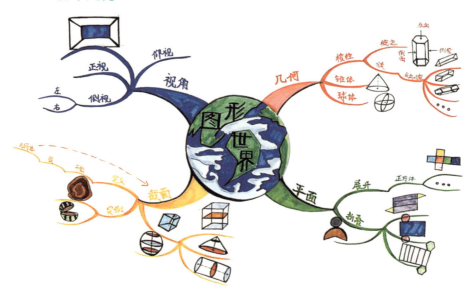

附图 23

七、初中物理

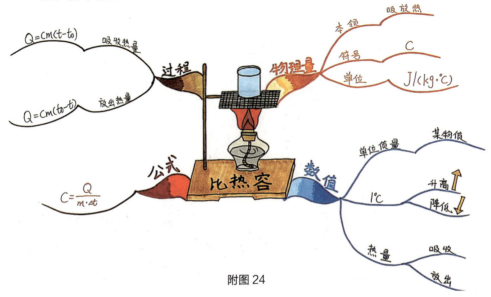

附图 24

附图 25

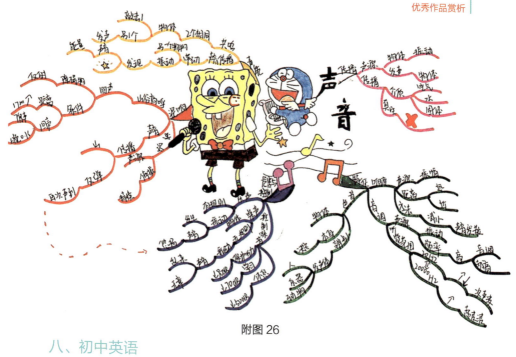

附图26

八、初中英语

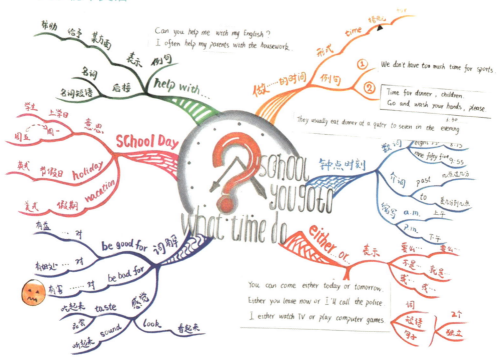

附图27

思维导图高效学习法
Efficient Learning Method of Mind Map

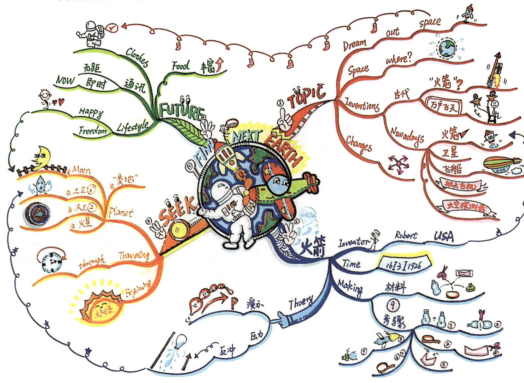

附图28

附图29

附 录
优秀作品赏析

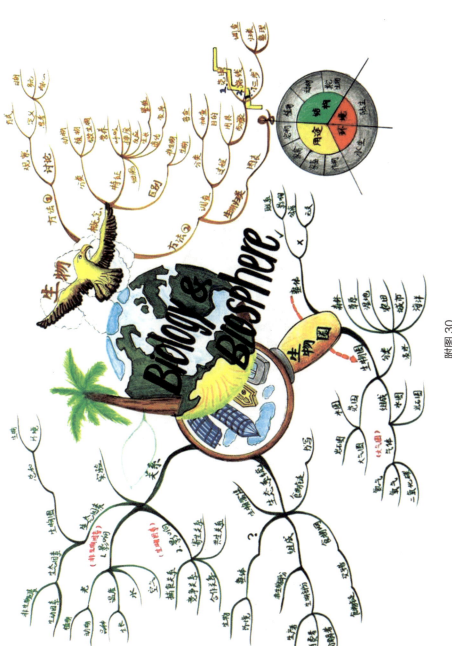

附图30

九、初中生物

思维导图高效学习法
Efficient Learning Method of Mind Map

附图 31

附 录
优秀作品赏析

十、初中地理

附图 32

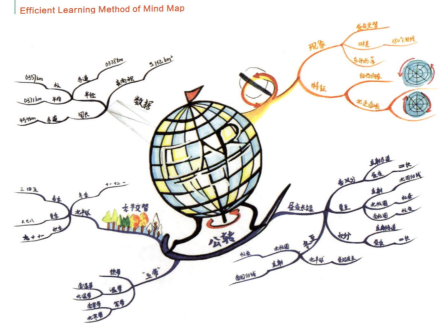

附图 33

十一、初中科学

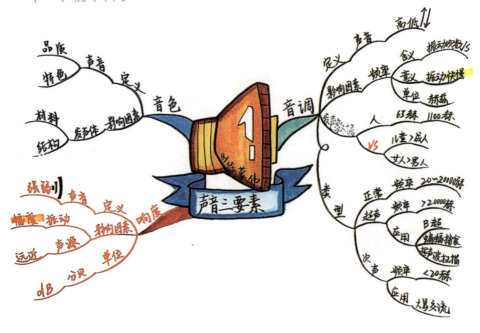

附图 34

十二、初中历史

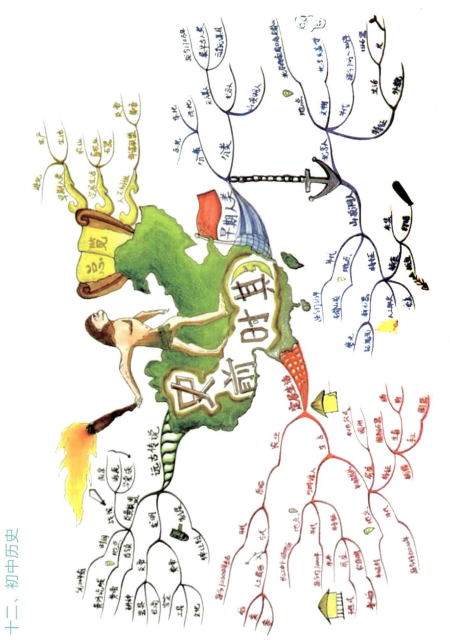

附图 35

附录 B　专题思维导图

附图 36

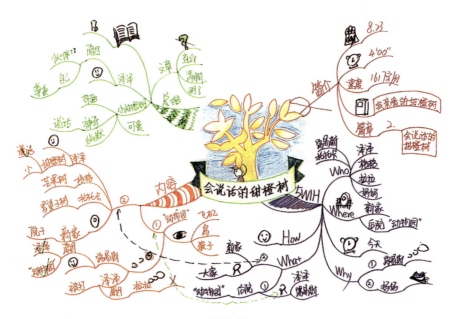

附图 37

附录
优秀作品赏析

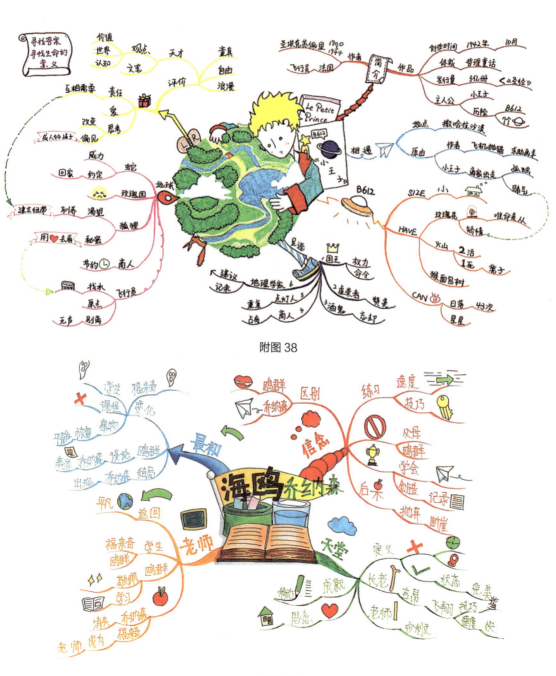

附图 38

附图 39

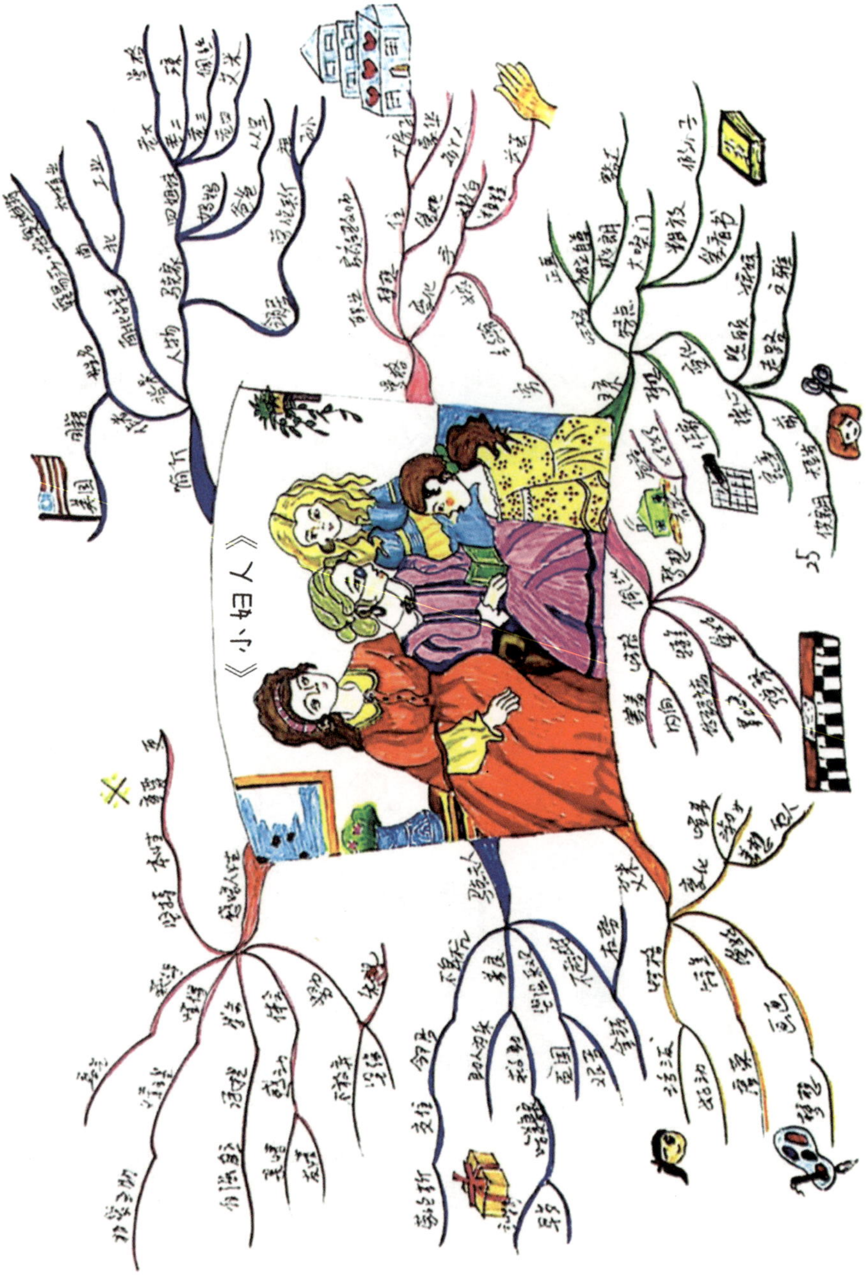

思维导图高效学习法
Efficient Learning Method of Mind Map

附图 40

附录 C 世界思维导图锦标赛优秀作品

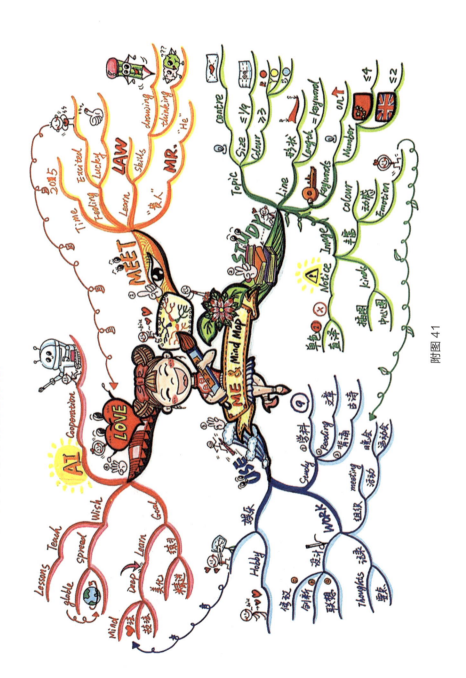

附图 41

附图 42

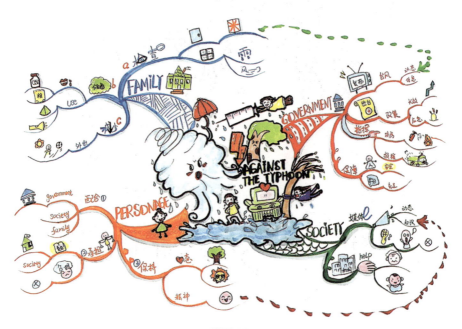

附图 43

附录
优秀作品赏析

附图 44

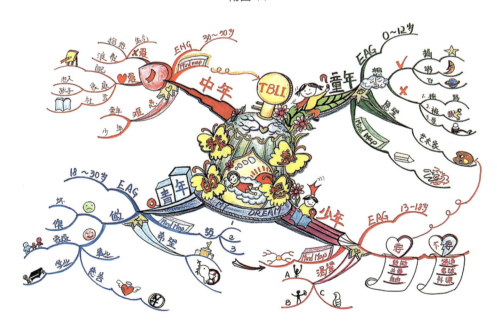

附图 45

思维导图高效学习法
Efficient Learning Method of Mind Map

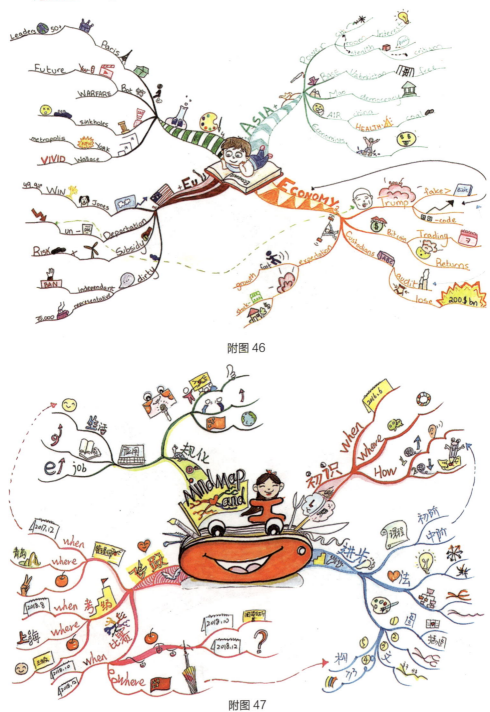

附图 46

附图 47

后 记

2017年博赞导图® 引进中国，凭借卓越显著的学习优势和实用价值，一经推广便受到了学界的广泛认可，形成了学习实践的新兴热潮。

在政府机关、知名企业、重点学校的大力倡导和运用的背景下，一些非专业、未认证的所谓讲师及培训组织趋利跟风，私授课业，非规范教学，使得众多学习者对思维导图的正确运用产生认知错误、解读偏差、技术失准。

为正本清源，切实发挥好思维导图真正的功能作用，经世界思维导图理事会授权，本人负责召集全国思维导图精英、世界思维导图锦标赛获奖者和优秀赛手以及博赞导图® 官方认证学员，全力夯实思维导图官方标准和理论体系的推广。

在此，特别感谢为撰写此书做出突出贡献的思维导图"百城千校"项目导师以及众多官方认证学员和思维导图爱好者的大力支持。他们是：孙梦、李杏园、赵巍、杜康儿、王茹丽、黄华珠、刘琳、吴文峰、王玉印、杨泽、宋桂玉、唐晓彤、陆晓霞、梁慧锋、王婷、生华、赵雪华、杨雷峰、董芳、吴桃、王雪、白一琳、路想心、周莹、郭莉、王倩玉、刘喻、刘春艳、任波、张超、毛昕辰、姬亚帅、董丽。

也借此机会，向全国各省市为近年来思维导图规范化普及工作辛勤付出的博赞导图® 俱乐部负责人，致以诚挚感谢！

世界思维导图理事会中国区总裁判长

梅艳艳

参 考 文 献

[1] SWELLER J. Cognitive load during problem solving: Effects on learning [J]. Cognitive Science, 1998 (12): 257-285.

[2] PAIVIO A. Imagery and verbal processes [M]. New York: Holt. Rinchart and Winston, 1971.

[3] PAIVIO A. Dual coding theory: Retrospect and current status [J]. Canadian Journal of Psychology, 1991, 45 (3): 255-287.

[4] PAIVIO A, PHILIPCHALK R, ROWE E J. Free and serial recall of pictures, sounds, and words [J]. Memory & Cognition, 1975, 3 (6): 586-590.

[5] KARPICKE J, ROEDIGER H. The critical importance of retrieval for learning [J]. Science, 2008, 319 (5865): 966-968.

[6] Henkel A. Point and shoot memories: The Influence of taking Photos on memory for a museum tour [J]. Psychological Science, 2014, 25 (2): 396-402.

[7] Karpicke, Roediger.《科学（Science)》杂志上发表论文《提取（Retrieve）在学习中的关键作用》(2008).

[8] 基恩，博赞. 思考的艺术：东尼·博赞传 [M]. 卜煜婷，译. 北京：化学工业出版社，2015.

[9] 马扎诺，斯科特，布格伦，纽科姆. 如何调动与激励学生 [M]. 吴洋，林森，译. 北京：中国青年出版社，2018.

[10] 汪霞. 英国第六学级的课程设置 [J]. 外国中小学教育，1992 (2).

[11] 施良方. 学习论 [M]. 北京：人民教育出版社，1994.

[12] 赵国庆. 别说你懂思维导图 [M]. 北京：人民邮电出版社，2015.

[13] 伯尔. 有效学习 [M]. 张海龙，译. 北京：中信出版社，2018.

[14] 贝弗里奇. 科学研究的艺术 [M]. 北京：科学出版社，1979.

[15] 房德里耶斯. 语言 [M]. 岑麒祥，叶蜚声，译. 北京：商务印书

馆，1992.

[16] 胡经之. 西方古典文艺理论译丛（第八册）[M]. 北京：人民文学出版社，1963.

[17] 斯瓦特. 大脑训练手册 [M]. 何文忠，翟宇轩，冉佳，译. 北京：中信出版社，2019.

[18] 努尔英恩. 大脑帝国 [M]. 余滔洁，译. 北京：中信出版社，2018.

[19] 博尔. 贪婪的大脑 [M]. 林旭文，译. 北京：机械工业出版社，2013.

[20] 鲍敏. 视觉信息加工及其脑机制 [J]. 科学导报，2017（19）.

[21] 博赞. 思维导图完整手册 [M]. 郭胜阳，译. 北京：中信出版社，2018.

[22] 樊春艳. "知识树"教学法在高中思想政治课教学中的运用研究 [D]. 2019（5）.